Thierry Lentz

Charles Bedaux le Magnifique

(1886-1944)

Millionnaire, aventurier
et « agent triple »

PERRIN

92, avenue de France
75013 Paris
Tél. : 01 44 16 08 00

ISBN : 978-2-262-10712-3
Dépôt légal : mai 2024

Mise en pages : Peter Vogelpoel

Charles Bedaux s'est suicidé

Washington, 20 février. – Charles Bedaux s'est suicidé dans un hôpital de Miami en prenant une forte dose de Luminal. D'origine française, il se fit naturaliser américain. Le système Bedaux, variante du système de taylorisation qu'il mit au point fit de lui l'ennemi numéro 1 des syndicats américains. En janvier 1943, il fut arrêté en Afrique du Nord, pour intelligence avec l'ennemi. Il passa ensuite aux États-Unis, où il fut arrêté le 23 décembre 1943, comme suspect de trahison.

Le Matin, 21 février 1944

L'industriel français Charles Bedaux se suicide aux États-Unis

Lisbonne, 20 février. – Le fameux industriel français Charles Bedaux, propriétaire du château de Candé en Touraine où le duc de Windsor épousa Mrs Simpson, s'est suicidé à Miami (Floride). Dans une lettre, il avait annoncé son intention de se donner la mort, de peur d'être inculpé de trahison.

L'Italie nouvelle, 21 février 1944

Suicide, accident ou attentat, Charles Bedaux meurt à Miami

Miami, 20 février. – L'expert commercial Charles Bedaux est mort avant-hier soir dans un hôpital de Miami. M. Charles Bedaux était né en France et naturalisé américain depuis 1917. Il était l'inventeur d'un système de production accélérée qui porte son nom [...]. La mort de Charles Bedaux est une conclusion brutale et un peu surprenante d'une vie toute d'aventures et de travail [...]. Partisan convaincu de la collaboration avec l'Allemagne, il drainait avec lui une partie considérable de l'opinion dans les milieux économiques et sociaux des États-Unis. Sa personnalité et son activité à tendance sociale extrêmement hardie étaient de celles que pouvait redouter la politique du président Roosevelt [...]. On ne peut admettre que deux hypothèses : celle de l'accident pur et simple et celle de l'attentat. Dans tous les cas, il n'apparaît pas pour ceux qui ont connu Charles Bedaux que celle du suicide soit admissible.

Aujourd'hui, 21 février 1944

PROLOGUE

Le « mariage du siècle »

Rien ne prédestinait le château de Candé, sur la commune de Monts, à une vingtaine de kilomètres de Tours, à être un jour le centre de l'attention mondiale. C'est pourtant ce qu'il advint autour du 3 juin 1937. Cette bâtisse du XVIe siècle accueillait ces jours-là ce que la presse appelait le « mariage du siècle ». Le maître des lieux, Charles Bedaux, n'était pas peu fier que sa propriété eût été choisie pour un tel événement. Il n'était ni de la famille ni du même monde que les tourtereaux presque royaux qui allaient s'unir chez lui. Son entregent et ses moyens illimités l'avaient placé sur leur route grâce à des amis communs. Comme ils cherchaient pour leurs noces une propriété alliant calme et prestige, Bedaux s'était le plus naturellement du monde proposé de les accueillir avec leurs invités. Château, parc et service compris. Les propriétaires estimeront plus tard que l'événement leur coûta entre 50000 et 60000 dollars, ce qui était une somme, mais aussi, de leur point de vue, un investissement.

Charles avait, qui plus est, la générosité élégante. Comme il l'avait déclaré à des journalistes anglais à bord du paquebot qui le ramenait d'Amérique en avril précédent, il offrait sa « respectueuse discrétion » au couple. C'est bien ainsi que les choses se passèrent. Sa femme et lui avaient laissé leurs appartements et leurs gens à la disposition de leurs hôtes un mois avant la cérémonie. Sans jamais s'imposer, ils les avaient distraits par leur conversation, de longues promenades sur les 300 hectares du domaine, des parties de golf – Candé était doté d'un 18 trous – et la satisfaction de leurs moindres caprices. Mais jamais au grand jamais ils n'avaient interféré dans la grande affaire du mariage. Leur demeure lui servait seulement d'écrin. Mieux, ils s'étaient plusieurs fois repliés sur leur suite au Ritz de la place Vendôme pour laisser un peu d'intimité aux promis. Quoi qu'il en soit, outre que les deux couples se plurent, les retombées publicitaires indirectes allaient être énormes, les plumitifs ne manquant jamais de signaler, à l'instar du *Monde illustré*, que « l'homme qui accueillait [le mariage] était plus extraordinaire encore que le cadre ».

Au grand jour, fixé au 3 juin, la mariée aux yeux azur parut en bleu pâle et chapeau à voilette, le marié au regard circonflexe en jaquette et pantalon rayé. Après l'union civile et la cérémonie religieuse, les invités s'avancèrent dans le grand salon pour les féliciter. Un peu plus loin, une volée de domestiques attendait le signal pour servir les rafraîchissements puis un buffet de homards, de salades, de poulet *à la royale* et de fraises.

Six mois plus tôt, l'époux était encore roi de Grande-Bretagne et d'Irlande, empereur des Indes, roi du Canada, d'Australie, de Nouvelle-Zélande et d'Afrique du Sud sous le nom d'Edward VIII. Il avait renoncé au plus grand empire du monde pour avoir échoué à faire une reine de sa scandaleuse maîtresse Wallis. Ils se contenteraient désormais du titre et de la confortable pension de duc et duchesse de Windsor, ce qui pour elle, roturière américaine, n'était déjà pas si mal. Mais la veille de leur union, ils avaient reçu la confirmation que l'oligarchie de Londres les poursuivrait longtemps de sa vindicte, jusque dans les détails les plus humiliants. Le roi George VI, frère et successeur d'Edward, leur avait en effet écrit qu'outre l'obligation d'obtenir son autorisation pour revenir au pays, le prédicat d'Altesse Royale était refusé à Wallis. Elle ne serait que « Sa Grâce la duchesse de Windsor ». Cette blessure-là ne se refermerait jamais et, sur le coup, nul ne songea à consoler le couple en disant que, de grâce, l'épousée n'en manquait pas, avec sa parfaite silhouette, son teint éclatant et sa classe décontractée. Au demeurant, *never complain*, Edward et Wallis donnaient le change en ce jour d'hyménée, faisant contre mauvaise fortune bonne mine et, en secret, cœur aigre.

Le défilé des félicitations s'annonçait bref : une quinzaine de personnes en tout avaient osé braver le ressentiment du roi régnant. À l'abdication d'Edward, au onzième jour du dernier mois de 1936, le timide et bégayant George avait dû occuper un trône sur lequel, au fond, il ne se sentait pas (encore) à sa place. Il remplissait depuis sa mission avec abnégation et, pour ce qui concernait son aîné, une rancune déjà tenace, attisée par son Premier ministre Stanley Baldwin. Il en allait de la survie de la monarchie. Préférant son amante américaine

– une divorcée remariée et à nouveau en instance de divorce ! – aux obligations de son royal sacerdoce, Edward avait déserté, au prix d'un épouvantable scandale que le régime surmontait avec peine. Une grande partie du public populaire adorait en effet le conte de fées du souverain qui abdique par amour, mais l'*Establishment* était presque unanime sur la suite à donner à cette démission : pas d'absolution, et surtout pas pour la fauteuse de troubles. Puisqu'ils voulaient se marier, que ce soit comme de simples particuliers, dans l'indifférence officielle et sans la présence d'aucun membre de la famille royale. Juste une petite lettre blessante déposée à point nommé dans la corbeille.

Dépités, mais armés de rage et de rancœur, les Windsor entendaient faire encore un peu plus la nique aux âmes sèches de la Couronne. Ils s'appliquaient à s'afficher heureux, seulement entourés de *vrais* amis, quelques-uns sans titre de noblesse. Ils avaient décidé de s'unir dès le divorce de Wallis et d'Ernest Aldrich Simpson prononcé. Et ils convoleraient modestement, avec pour grand officier le maire de Monts, le docteur Charles Mercier, pour Westminster un petit salon de musique et son autel provisoire, pour archevêque un pasteur courageux, Anderson Jardine, venu de la campagne anglaise et certain d'être sanctionné à son retour[1], pour garde d'honneur leurs sept domestiques et l'équipe de Candé. Quant à l'ordonnateur des festivités, M. Bedaux, il était tout ce que l'oligarchie anglaise méprise : un *businessman* américain aussi riche qu'un

1. Bedaux lui avait octroyé une somme de 6000 dollars pour ses frais de voyage et pour faire face aux suites de sa venue.

prince, l'arbre généalogique en moins... c'est-à-dire sans rien de ce qui compte. Avec ce scénario, Edward et Wallis jouaient à faire croire que l'approbation de Londres était le cadet de leur souci.

Cecil Beaton, star de la photo de mode et du portrait, avait carte blanche pour produire des clichés illustrant le dépouillement de la cérémonie autant que l'ambiance simple et champêtre de la journée. La presse se les arracherait, de même qu'elle serait obligée de reprendre les papiers du seul journaliste accrédité, Charles Murphy, du magazine *Life*[2]. Les autres plumitifs et les paparazzis – dont le futur ministre Maurice Schumann, alors chez Havas et à *L'Aube* – seraient contenus derrière les hauts murs et les grilles de Candé. Dans le bourg envahi de curieux, que le maire avait fait pavoiser de tricolore et d'Union Jack, la poste enregistra pas moins de 25 000 oblitérations le grand jour (50 000 francs de recette !). La préfecture d'Indre-et-Loire avait mobilisé pour la surveillance deux policiers du service des voyages officiels, deux commissaires de police venus de Tours et 120 gardes mobiles, logés dans les bâtiments d'une poudrerie voisine. Pour les Windsor, la communication était réussie, avec ce mariage imposé à un monde hostile par un roi devenu par sa seule volonté un simple particulier afin de pouvoir vivre pleinement sa passion amoureuse.

Pour autant, si l'ensemble avait l'air presque bon marché, les factures ne l'étaient pas : une robe de chez Mainbocher – une autre étoile, cette fois de la haute couture, originaire de Chicago –, un chapeau créé par la maison de mode Caroline Reboux, une parure de

---

2. Il sera la plume des Mémoires du duc de Windsor en 1951.

diamants signée Van Cleef & Arpels, la coiffure de la mariée sculptée par le grand Antoni Cierplikowski, dit « Antoine de Paris », la décoration des pièces agencée par la fleuriste Constance Spry et son assistante Valery Pirrie venues spécialement de Londres – il y avait pour 10 000 francs de fleurs, de quoi, disait *Le Figaro*, dévaliser les deux principaux négociants locaux –, les plats préparés par le chef des Bedaux, Legros, précédemment au service du duc d'Albe. L'orgue Skinner était joué par Marcel Dupré, grand prix de Rome 1914, organiste de Saint-Sulpice, apprécié dans le monde entier et habitué de Candé depuis l'achat de l'instrument par les Bedaux dix ans plus tôt. Le duc avait aussi convoqué son chauffeur, George Ladbrook, pour conduire l'impressionnante Delahaye bleu marine dans laquelle il se déplaçait. Il avait demandé à son officier de sécurité, un géant de Scotland Yard autant chargé de l'espionner que de le protéger, de se tenir soigneusement à l'écart.

Les invités présentèrent bourgeoisement leurs vœux de bonheur. Randolph Churchill représentait son père Winston, un des rares politiciens de poids à avoir défendu Edward VIII[3]. Suivaient lady Selby-Bigge, épouse de l'ambassadeur d'Angleterre à Vienne, le procureur du comté de Cornouailles, lord Walter Monckton, et son épouse Alexandra, l'avocat George Allen, « Fruity » et Alexandra Metcalfe, Eugène et Jeanne de Rothschild, l'écuyer du duc Dudley Forwood, la tante de Wallis Bessie Merryman. L'ambassade de Grande-Bretagne avait délégué son premier secrétaire, Hugh Lloyd-Thomas,

3. Randolph publia plus tard un récit du mariage dans le *Daily Mail*.

autant dire un sous-fifre aux yeux de l'ex-roi, qui, pour avoir renoncé à la couronne, conservait une haute idée du sang qui coulait dans ses veines. Vint le tour du couple Herman et Katherine Rogers, amis américains communs des Bedaux et de Wallis, ceux-là mêmes qui avaient suggéré que les noces se déroulassent à Candé. Nul ne se doutait qu'Herman était en réalité l'amant de la mariée. La duchesse dira plus tard qu'il était le seul homme qu'elle aimait alors, ce qui désembellit tout de même un peu le conte de fées. Charles et Fern Bedaux fermaient la marche. On relèvera que si Mme Bedaux figure sur plusieurs clichés réalisés pendant cette journée mémorable, il n'en est pas de même pour son mari, que l'on n'aperçoit guère que de loin ou de dos. Nouvelle délicatesse, sans doute.

On déjeuna simplement après l'ouverture de nombreux cadeaux venus de l'Europe entière, 1 000 lettres et 60 télégrammes de félicitations, de quoi accroître le contingent de valises des Windsor (286 à leur départ). George VI avait envoyé… une médaille commémorative de son couronnement, le 12 mai précédent, adressée seulement à son frère : elle lui sera renvoyée. Le président du Conseil français, Léon Blum, avait fait livrer un énorme bouquet de roses rouges, le Führer du Reich allemand, Adolf Hitler, un coffret en jonc rehaussé d'or marqué « WE[4] » et le Duce, Benito Mussolini, quelques babioles de prix dont la mémoire s'est perdue. Quant aux Bedaux, ils offraient une statuette en bois clair intitulée *The Kiss* – un jeune couple enlacé s'embrassant – réalisée par la sculptrice Annie Höfken-Hempel

4. Pour « Wallis-Edward ».

dont Charles finançait la première exposition à Paris, prévue le mois de novembre suivant.

Fern et Charles invitèrent ensuite Wallis et Edward à graver leurs prénoms sur une boiserie du salon. On peut encore les y lire. Enfin, les mariés se firent conduire à la gare de Laroche-Migennes où ils embarquèrent à bord des deux wagons qui leur étaient réservés sur le Simplon-Orient Express, le fameux Train bleu, direction Venise. Le couple occupait la première voiture. Dans la seconde avaient pris place leurs domestiques et… leurs deux chiens, un troisième reposant depuis quelques jours dans une tombe au cimetière animalier de Candé, après avoir succombé à une morsure de vipère.

L'errance – confortable – des Windsor pouvait commencer. Et même s'ils ne revinrent jamais à Candé, Charles Bedaux faisait désormais partie de leur entourage. Il avait ferré deux gros poissons avides de ne pas quitter la scène du monde. Il n'aurait évidemment jamais dû se trouver sur la route puis dans les pensées d'un roi, même déchu. L'été 1937 paraissait être l'apogée d'une vie partie d'un milieu petit-bourgeois de la banlieue parisienne et propulsée vers les sommets par quelques coups de génie.

1

Un mouton noir

Charles Bedaux vit le jour le 28 octobre 1886, dans une famille catholique de la classe moyenne française en formation. On ne peut pas dire qu'il partit de rien, ce que d'ailleurs il ne prétendit jamais. Le père, Charles-Émile (1856-1926), banlieusard de Montrouge, était entré comme arpenteur puis dessinateur dans une compagnie de chemins de fer. Il avait gravi les échelons jusqu'à devenir ingénieur-maison aux responsabilités respectables. La mère, Marie-Eulalie Prothin (1851-1923), originaire de Lorraine, était couturière à domicile ou « modiste », comme on disait alors. Le couple eut cinq enfants : René (1879), Daniel (1883), Marcelle (1885), Charles (1886) et Gaston (1891). Les Bedaux habitaient alors Charenton-le-Pont, ville de la banlieue est, peuplée à l'époque de 14000 habitants.

Au confluent de la Marne et de la Seine, à l'entrée de la plaine de Bercy dont une partie avait été réunie à Paris sous le Second Empire, Charenton devait la deuxième partie de son nom à un ouvrage qui traversait la Marne depuis le VIIe siècle. Placée au cœur d'un nœud ferroviaire, elle était coupée en deux par la voie Paris-Lyon qui franchissait la rivière sur l'ouvrage agrandi et renforcé en 1863. Les tableaux impressionnistes d'Armand Guillaumin peints dans les années suivantes montrent certes une ville active, mais encore à certains égards calme et bucolique. Elle entra brutalement dans l'actualité le 5 septembre 1881. Ce jour-là, la collision de deux trains fit 22 morts et 81 blessés, si bien que la société Paris-Lyon-Marseille (PLM) décida de doubler les voies[1]. Charles-Émile Bedaux participa aux travaux et veilla désormais à l'entretien des infrastructures, à la tête d'une vingtaine d'employés. Sans être un notable, il faisait partie des personnalités de Charenton. Il le restera dans ses postes futurs, à Brie et Melun, pour une suite de carrière plus qu'honorable.

Malgré sept bouches à nourrir et grâce aux revenus d'appoint de Marie-Eulalie, on ne manquait de rien chez les Bedaux. Comme dans toutes les familles de l'époque, on prenait grand soin de l'éducation et de l'instruction des rejetons, dont on savait qu'elles étaient la meilleure porte d'entrée de l'ascenseur social qui commençait à fonctionner. Quatre des cinq donnèrent toute satisfaction à leurs parents. Daniel et Gaston devinrent ingénieurs diplômés de l'École des ponts et chaussées. Le second sera toujours très proche de Charles, pour qui il travaillera d'ailleurs pendant la Seconde Guerre mondiale. Il rédigera une courte biographie de lui – 126 pages –, *La Vie ardente de Charles Bedaux*, publiée pour

1. Avant la création de la SNCF, le 1er janvier 1938, le réseau était exploité (depuis une loi du 20 novembre 1883) par cinq sociétés privées (PLM, Compagnie d'Orléans, Compagnie du Midi, Compagnie du Nord, Compagnie de l'Est) et une société publique dans l'Ouest, résultat d'une nationalisation en 1908.

la famille mais dont, heureusement, la Bibliothèque nationale de France possède un exemplaire. Daniel exerça ses talents en Savoie et fut nommé maire de sa commune par le gouvernement de Vichy. Sans diplôme d'ingénieur mais embauché aux chemins de fer grâce à son père, René fut quant à lui licencié comme agitateur syndical puis bifurqua vers le journalisme. Il se fera une réputation au sein des organisations communistes, dirigera le syndicat de la presse du Var et laissera une honnête œuvre littéraire, sous le pseudonyme de René Darmont[2]. Travaillant à son compte dans le commerce de détail, Marcelle, la seule fille, restera longtemps célibataire avant d'épouser le fondé de pouvoir d'une banque, Antoine Boehler, à la fin des années 1920[3].

Reste Charles. Le moins qu'on puisse écrire est qu'il n'était guère doué pour les études, alors même qu'il était avide d'apprendre et bon élève lorsqu'il s'en donnait la peine. Il s'en rendait si bien compte qu'on ne le vit plus beaucoup en classe à partir du collège. Il préférait les longues promenades aux environs de Charenton ou Melun, avec la forêt de Sénart pour cadre de jeux de guerre dans lesquels il entraîna plus d'une fois Gaston, de cinq ans son cadet. Sans doute ses maîtres ne furent pas toujours contrariés par ses absences : le séducteur qu'il était déjà pouvait se transformer en fauteur de troubles au coup de poing facile. Admis au lycée Jean-Baptiste-Say dans le XVIe arrondissement de Paris pour

---

2. Il a droit à une notice, signée par Jacques Girault, dans le *Dictionnaire des cheminots*, accessible sur le site www.maitron.fr.

3. Antoine était le frère de Marie-Marguerite, qui avait épousé Gaston Bedaux.

préparer les examens d'entrée dans des écoles d'ingénieur, il devint plus appliqué, passant parfois des nuits entières à réviser. Selon son frère, il comprenait tout plus vite que ses camarades, lisait énormément et, pendant le temps qui lui restait, s'évadait dans des rêves de voyages ou d'explorations. Cette rédemption fut provisoire. Indiscipline puis absences sans motifs furent de retour, si bien que le renvoi devint inévitable. Il eut lieu à la sortie des classes de 1902. Les études de Charles étaient terminées. Il n'avait et n'aura jamais en poche que le certificat d'études, de quoi en faire pour un temps, selon sa propre expression, le « mouton noir » de sa fratrie.

Déçus par ce rejeton difficile à contrôler, les parents Bedaux n'étaient pas au bout de leurs peines. Passant outre l'ultimatum paternel de se trouver au plus vite un emploi, Charles se mit à errer dans Paris puis à voyager grâce à la gratuité octroyée par PLM sur ses lignes aux familles de ses cheminots. Il travailla un peu comme magasinier, dans une librairie du boulevard Saint-Germain, un entrepôt et une carrière. On ignore comment il se retrouva peu après aux environs de Montmartre et de la place Pigalle, haut lieu de la prostitution parisienne, d'abord comme petit employé des bars et commerces, puis dans l'entourage d'une figure du quartier, Henri Ledoux. Les deux hommes sympathisèrent autour d'un, puis deux, puis de nombreux verres, avant que Ledoux ne propose au jeune homme de travailler pour lui. Ce fut une double chance. Bedaux lui plaisait et il voulait l'aider dans tous les domaines. Ce fut à la fois une formation à « la vie » et aux distractions, et une nouvelle phase d'éducation personnelle et intellectuelle.

Charles avait presque dix-huit ans, une gueule d'ange, un bagout d'enfer et une moralité souple. Petit souteneur, Ledoux lui apprit bien sûr son nouvel état d'homme à tout faire, notamment en l'habillant avec cette touche ostentatoire qui valait aveu de ses activités. Mais il lui conseilla aussi des lectures qui le feraient progresser. Pour le travail, il l'orienta vers le recrutement de jeunes filles avides de gagner de l'argent en vendant leurs charmes dans ses établissements. Les maisons de tolérance étaient alors nombreuses au pied de la Butte et avaient besoin de personnel. Seul l'outrage aux bonnes mœurs était réprimé et, pour le reste, la préfecture de Police se montrait accommodante. C'est dans les garnis de la place Pigalle que se recrutaient bon nombre de ses informateurs, il fallait donc faire preuve de discernement et fermer les yeux sur les entorses bénignes à la législation.

Si Charles Bedaux avait l'âge d'être un Apache, membre d'une de ces bandes de rôdeurs criminels du Paris de la Belle Époque, Ledoux veillait au grain et le remettait au besoin – si l'on ose dire – dans le droit chemin. Pigalle s'embourgeoisait, avec ses cabarets chics, ses peintres et ses musiciens, Mistinguett et Maurice Chevalier. Leur cohabitation avec les activités de plaisir devait être sans accroc, assurance réciproque de succès et de fluidité commerciale. Cette vie de patachon compensait d'éventuels regrets concernant les études abandonnées. Elle valait en tout cas mieux, du point de vue de Charles, que la pénombre des salles d'études de l'École des ponts et chaussées.

Plusieurs compagnes régulières, sélectionnées parmi les « travailleuses », entrèrent dans la vie du jeune homme, en guise de formation continue aux choses de l'amour, dont le goût ne le quittera jamais. Et comme une de ses fonctions était d'attendre ou de surveiller des lieux et des gens, il en profitait pour lire et épaissir sa culture générale. Ajoutons-y de beaux costumes – avec les rayures de rigueur –, de l'argent liquide en suffisance et ce qu'il fallait de bonnes tables, et on supposera un Charles Bedaux satisfait. En quelques mois, il se trouva comme un poisson dans l'eau sur la place et ses ruelles, poussant jusque dans les établissements et les restaurants plus huppés du centre de Paris. La belle vie, avec un mentor aimant et généreux.

Tout s'acheva le 6 février 1906 par un sanglant règlement de compte. Une des « filles » de Ledoux s'était entichée d'un chef de bande apache des Batignolles et s'éloignait de ses entreprises pour celles de son amant. Le proxénète ne pouvait pas laisser passer un tel affront. Non seulement il infligea une sévère correction à la demoiselle, mais il en profita pour rafler la cagnotte de son rival. La guerre était déclarée. Elle fut courte mais violente. Quelques jours plus tard, au retour d'une promenade dans sa Cadillac flambant neuve, « Monsieur Riton », comme on l'appelait, fut abattu de quatre balles, à quelques mètres de Charles, qui s'en tira avec seulement une grande frayeur. On ne saura jamais si c'était la jeune femme ou son nouveau protecteur qui tenait l'arme. Après avoir été interrogé pendant quarante-huit heures par la police sans qu'aucune charge soit retenue, Bedaux se réfugia dans un hôtel dont sa grand-mère l'exfiltra discrètement. Il fila ensuite chez ses parents. Ceux-ci lui remirent la somme nécessaire pour aller se mettre « au vert » aux États-Unis.

Charles embarqua à Bordeaux sur un transatlantique hollandais, le *Statendam*. Il débarqua à New York dix jours plus tard. Dans son malheur, Henri Ledoux lui avait offert une seconde chance. Il n'y avait qu'à savoir la saisir.

2

Un nouveau monde

Charles Bedaux était un des 13 millions d'immigrants accueillis aux États-Unis entre 1900 et 1914. Le pays était assoiffé de main-d'œuvre et prêt à assimiler ceux qui se retrousseraient les manches. Ce flux record, qui ne fut ralenti qu'au milieu des années 1920, était largement européen, à la culture compatible avec celle des WASP[1] dominants. Les Français ne représentaient que 2 % du total, loin derrière les Allemands, les Irlandais et les Italiens. Nos compatriotes étaient généralement bien accueillis, leur savoir-vivre et leur langue étant très prisés de la bourgeoisie américaine. Comme les autres nationalités, ils ne débarquaient pas sur une terre vierge, quand bien même elle leur était inconnue. Ils bénéficiaient de l'aide d'un réseau établi de longue date, avec l'Alliance française qui ouvrait des succursales dans les grandes villes, des lieux de culte, des bibliothèques, voire des journaux francophones. Dans ces conditions, près de la moitié d'entre eux envisageaient leur séjour sans retour et finissaient par demander la nationalité

1. *White Anglo-Saxon Protestants.*

américaine. Celle-ci était octroyée très libéralement par des instances et des tribunaux locaux, jusqu'à ce qu'une loi de septembre 1906 transfère la décision finale aux juges fédéraux. Mais ceux-ci se montrèrent à peine plus sévères pendant les premières années.

Ayant américanisé son prénom en « Charles Eugène » ou « Charles E. » et déclaré aux services d'immigration d'Ellis Island qu'il était « publicitaire » *(publicity agent)*, Bedaux fut accueilli par un ami de la famille dénommé Naterre[2], qui le conduisit chez une cousine installée à Manhattan. L'époux suisse de celle-ci était horloger. Il engagea le jeune homme pour le ménage et de menus travaux dans ses ateliers. Un mois plus tard, Charles put s'installer seul dans un minuscule appartement. Il se lança à la découverte – en attendant la conquête – de New York.

Pour faire bouillir la marmite, il obtint un emploi de terrassier, assez loin de ses ambitions, mais rémunérateur. Il fut à cette époque hospitalisé après un accident de dépressurisation lors du percement de l'Hudson River Tunnel, entre Manhattan et le Queens. Il en gardera toujours une fragilité des voies respiratoires, ce qui ne l'empêchera pas d'ailleurs de fumer des Craven A l'une derrière l'autre. Remis sur pied, il fut embauché dans un grand débit de boissons tenu par un Français. Finalement, avec quelques dollars en poche, il quitta la ville et sillonna le pays pendant près de deux ans, travaillant comme magasinier aux tissages d'Hoboken, dans le New Jersey, comme serveur et plongeur dans l'Ohio,

2. Gaston Bedaux pense que Naterre avait été l'amant de sa mère et était le père biologique de René, le futur syndicaliste.

le Nebraska et le Colorado, comme employé dans une filature en Oklahoma et enfin comme professeur de français chez Berlitz à Philadelphie. Chaque étape était marquée de rencontres, parfois féminines, mais aussi de longs moments de lecture. Il perfectionnait son anglais en apprenant. Il racontera plus tard qu'il avait dévoré *Das Kapital* de Marx, des ouvrages d'économie, de management et tout ce qui était en rapport avec le miracle économique étasunien. Il dira encore avoir été marqué par les premières œuvres du sociologue américain Thorstein Veblen, fondateur de l'école technocratique prônant l'appel aux sciences humaines et à la sociologie dans l'organisation du travail[3]. Autant de graines qui allaient germer dans les dix années suivantes.

Début 1908, Charles Bedaux trouva son point de chute à Saint-Louis, dans le Missouri. Située sur les rives du Mississippi, fondée par des commerçants français au milieu du XVIIIe siècle, elle était alors la quatrième ville des États-Unis (580 000 habitants). Accueillante pour les immigrants qui constituaient la majorité de sa population, Saint-Louis connaissait une spectaculaire industrialisation. Elle avait besoin de bras et de cerveaux.

Après avoir donné quelques cours de français pour Berlitz, Bedaux fut engagé comme magasinier par la firme Mallinckrodt Chemical Works. Fondée en 1840, elle avait bâti sa notoriété sur les produits utiles à la

3. Veblen publia ses premiers travaux à la fin du XIXe siècle : essais sur la lutte contre le gaspillage de temps, la prise en compte de la destination des biens pour en fixer le prix et la recherche de puissance des classes aisées par la consommation.

production photographique avant de se lancer dans la pharmacie. Elle était devenue leader de la production de morphine (alors quasiment en vente libre aux États-Unis) et de codéine. Ses marchés s'étaient internationalisés après l'Exposition universelle de 1904, organisée à Saint-Louis, qui avait attiré plus de 20 millions de visiteurs[4]. Dans des postes sensibles, consistant à gérer et surveiller les stocks de produits stupéfiants, Bedaux progressa rapidement, tant son sens de l'organisation fut remarqué par ses chefs. Il posait sans cesse des questions, trouvait des solutions pratiques aux moindres difficultés, se passionnait pour son emploi. Il parvint ainsi à rendre plus efficace le service des expéditions et rationalisa le suivi des fournitures. On appréciait en outre son aisance, son charme et sa mise parfaite, si bien qu'il devint à la fin de sa brève carrière dans l'entreprise une sorte d'auditeur interne.

À ses heures, il se faisait aussi chimiste, mettant au point des formules de dentifrice au bicarbonate, de boissons aux herbes ou de nettoyants pour métaux. On murmurera plus tard qu'il s'était livré à des trafics de stupéfiants et au trucage de courses de chevaux qui lui auraient permis de se constituer le capital nécessaire au lancement de ses projets. Avouons qu'en ce domaine, on ne prête qu'aux riches : les aspects noirs de la fin de sa vie ont permis de le charger, ici sans preuve aucune, de tous les péchés. Tout indique au contraire que notre

4. Mallinckrodt existe encore sous le nom de Mallinckrodt Pharmaceuticals. Le siège social a émigré en Irlande. Spécialiste des médicaments génériques, son chiffre d'affaires est d'environ 2 milliards de dollars (2021).

homme ne se livrait à aucune activité illicite, vivait d'un salaire encore modeste, mais essayait en revanche de vendre ses services à d'autres employeurs que Mallinckrodt. Il avait trouvé sa voie : l'organisation et la rationalisation du travail.

Côté cœur, le néo-Américain tomba amoureux d'une jeune femme de dix-neuf ans, Blanche de Kressier Allen (1889-1982). Descendante d'un officier français immigré à La Nouvelle-Orléans après Waterloo, elle était cultivée, parlait plusieurs langues et, ce qui ne laissa pas son prétendant indifférent, avait été élue femme « la plus charmante » du Missouri. Ils se marièrent le 3 août 1908 à l'église de la Visitation de Saint-Louis. Dans les faire-part publiés par la presse locale, Charles se faisait appeler « Bedaux de Varennes », nom qui sonnait mieux qu'un simple « Bedaux » au sein de la classe moyenne du Missouri. Le mariage porta rapidement ses fruits puisque, le 16 juin 1909, un petit Charles-Émile junior vint égayer le foyer.

La petite famille put se payer un voyage en Europe, fin 1911. Elle descendit chez Marcelle Bedaux, qui avait ouvert une charcuterie à Paris. Blanche avait toujours rêvé de découvrir la capitale française. Elle y fut guidée par son époux, qui connaissait parfaitement la ville, jusque dans les hauts lieux de la nuit. Charles renoua à ce moment avec un de ses anciens condisciples de lycée, Louis Duez, qui, devenu ingénieur des Arts et Métiers, avait ouvert une société de consultants en organisation. Les deux hommes passèrent des heures en discussions et c'est probablement à cette époque, et grâce à Duez, que notre spécialiste en logistique approcha encore mieux les travaux sur l'organisation scientifique du travail de Frederick Taylor, publiés en français depuis 1907. Cette initiation au conseil d'entreprises fut pour Charles une révélation, à laquelle il manquait toutefois une grande idée. Il n'eut de cesse de la trouver, plutôt que d'appliquer simplement le « taylorisme » naissant.

Mais d'abord, il lui fallait se frotter aux canons de sa nouvelle vocation. Il rentra aux États-Unis en avril 1912. Après un bref passage à Saint-Louis, il prit la route du Michigan et s'installa à Grand Rapids, capitale américaine de la fabrication de meubles où l'on aurait peut-être besoin de ses services. Blanche et Charles-Émile le rejoignirent à l'automne. À force de démarchages, Bedaux fut remarqué par un certain Stuart Foote, directeur général d'Imperial Furniture Company, qui fournissait du matériel aux industries locales. Il l'embaucha et le laissa mettre en pratique quelques-unes de ses réflexions sur l'organisation et la logistique. L'expérience fut réussie : Foote gagna plus de clients et d'argent.

Charles Bedaux n'en était qu'aux prémices de sa fulgurante carrière, mais il savait désormais dans quel domaine il pourrait à la fois être utile et devenir riche. Toujours sur la brèche, il ne comptait pas ses heures, ni celles du labeur ni celles des plaisirs secrets auxquels il n'avait pas renoncé. *Mister* Foote payait bien, certes, mais son entreprise était de taille moyenne. Bedaux voyait plus loin et plus haut. Il lui fallait monter d'un ou deux échelons pour connaître l'aisance.

3

La voie

Laissant femme et enfant à Grand Rapids, Charles Bedaux fut embauché sur la chaleureuse recommandation de son ancien patron de chez Mallinckrodt comme consultant en organisation par la société pharmaceutique McKesson & Robins de New York[1]. Il devait y revoir de fond en comble le service des expéditions, ce qu'il fit avec succès et un salaire confortable. Au passage, il vendit à la firme le brevet de sa pâte dentifrice, dont la formule, dira-t-il, permit de perfectionner le produit phare de l'entreprise, la Calox Tooth Powder dont Bing Crosby, Cary Grant, Claudette Colbert et autres stars hollywoodiennes vanteront les qualités jusqu'aux années 1960 – le slogan accompagnant les photos de Crosby : « Avoir les dents éclatantes et devenir riche. » Les rares photos

1. En 1938, la société sera au centre d'un énorme scandale, son propriétaire (depuis 1925), Phillip Musica, l'ayant transformée en vitrine légale d'un vaste trafic d'alcool. Musica se suicidera avant d'être poursuivi. La société a existé jusqu'en 1999. Elle est devenue depuis McKesson Corporation, une des principales firmes pharmaceutiques et de distribution de médicaments américaines, avec un chiffre d'affaires de 180 milliards de dollars.

d'époque de Bedaux montrent qu'il remplissait la première condition. Il ne lui restait plus qu'à réaliser la seconde. Il ne le fit pas comme un charlatan ou un bateleur – ce qu'il ne fut jamais, en dépit d'une grande facilité de parole –, mais par l'étude et l'observation. Il était passionné par les sujets d'organisation et, à vingt-six ans, en avait une bonne pratique, ce que tous ses employeurs avaient remarqué. Sa voie était trouvée : depuis le milieu du XIXe siècle, le métier de consultant – que les Français appelaient « ingénieur-conseil » – était en plein développement aux États-Unis. Le chimiste Arthur D. Little avait créé la première société spécialisée en 1886 et avait bâti une fortune immense. Son exemple avait été suivi par quantité d'autres et le milieu foisonnait. Il y avait encore quelques places à prendre.

Ce métier de conseiller se modernisait et se structurait sous le coup de l'augmentation de la demande et de la concurrence, dans une Amérique en croissance exponentielle. Pour proposer des produits moins chers sans obérer la qualité, il fallait rationaliser la production et les organisations. Les besoins d'expertise étaient énormes. Le consultant palliait les carences internes en proposant des solutions techniques ou managériales adaptées aux objectifs des entreprises. Paradoxe seulement apparent, ces avis et préconisations venaient de l'extérieur, ce qui leur donnait une plus forte légitimité, comme si le conseiller était un intervenant neutre, presque désintéressé. Ces caractéristiques font encore le succès des consultants d'aujourd'hui. Se sachant persuasif et excellent observateur, Bedaux aurait pu se contenter d'être un honnête acteur de ce marché florissant. Son état d'esprit et son ambition le poussaient à vouloir plus : ajouter à ses capacités une « idée » applicable à n'importe quel type d'entreprise, une méthode d'analyse et de réforme pas forcément nouvelle mais suffisamment originale – et efficace – pour retenir l'attention. Il lui fallait désormais compléter ses connaissances pour ajouter sa touche personnelle aux théories en vogue.

Il y fut aidé par sa rencontre avec un Français d'origine italienne du nom de A. M. Morrini – son prénom s'est perdu, ne reste que ses initiales. Celui-ci séjournait aux États-Unis pour y apprendre les méthodes de management des grandes entreprises, alors en pleine mutation sous le coup des théories sur l'organisation du travail de Frederik Winslow Taylor (1856-1915) et de Harrington Emerson (1853-1931), les deux théoriciens les plus en vue. Sillonnant le pays, il voulait aussi recruter pour sa société, baptisée Engineers, un groupe de spécialistes bien formés qu'il ferait venir en Europe pour créer une société de conseil inspirée des méthodes du Nouveau Monde. Bedaux et lui s'entendirent si bien que Morrini l'embaucha comme assistant pour son grand tour, constitué certes de visites et d'entretiens d'embauche, mais aussi de lectures et d'analyses des œuvres publiées par Taylor et Emerson, poursuivies par de longues conversations. Lorsque Morrini rentra en Europe, il proposa à son acolyte de l'accompagner, ce qu'il accepta. Il devait être officiellement son interprète mais fit bientôt figure d'*alter ego*.

Après plusieurs mois de pérégrinations avec Morrini, qui finit par retourner aux États-Unis sans avoir réalisé son projet d'américaniser son offre européenne, Bedaux s'installa à Paris où Blanche et Charles-Émile le rejoignirent. Dans la capitale française, il retrouva Louis Duez qui cherchait de bons collaborateurs. Charles accepta de travailler pour lui. Il remplit plusieurs missions dans des ateliers parisiens et à l'usine d'automobiles Lorraine-Dietrich d'Argenteuil, qui mettait aussi au point des moteurs d'avion[2]. Pour le même commanditaire, il partit ensuite s'installer en famille à Lunéville, où les 1 000 ouvriers des usines mères de Dietrich fabriquaient des wagons, des camions et des véhicules légers au logo en forme de croix de Lorraine or sur fond bleu. Il y proposa des méthodes tirées de ses expériences américaines et inspirées de Taylor. Son travail permit de faciliter la fabrication de nouveaux modèles et d'améliorer celle des voitures de sport dont Lorraine-Dietrich était un spécialiste réputé, remportant plusieurs défis et obtenant des records de vitesse ou d'endurance. Il invita même à Lunéville un ingénieur de Grand Rapids qui en retira une si bonne impression que, de retour aux États-Unis, il fit connaître les réussites du duo Duez-Bedaux, deux *Frenchies* qui promettaient. Ceux-ci furent bientôt appelés en Belgique pour améliorer l'organisation et la production de plusieurs établissements de la sidérurgie wallonne ou des entrepôts du port d'Anvers. Ce fut donc sur d'importants projets techniques, presque technologiques, que notre homme fit ses premières armes. Il ne vendait pas que du vent, les résultats améliorés des sociétés qui lui faisaient confiance le montraient.

2. Les ateliers de Lorraine-Dietrich ont été rachetés par Dassault au début des années 1950.

Charles était à Bruxelles lorsque la Première Guerre mondiale éclata. Il se replia sur Paris et organisa le retour de Blanche et du jeune Charles-Émile aux États-Unis. Lunéville était en première ligne des opérations de 1914. Pour sa part, il voulait combattre pour son ancienne patrie en répondant à l'appel rédigé par l'Italien Ricciotto Canudo et le Suisse Blaise Cendrars. Ce texte, publié et placardé à partir du 29 juillet, encourageait « les étrangers amis de la France [...] à lui offrir leurs bras ». Il fréquenta alors un groupe de jeunes gens réunis autour du colonel Charles Sweeney et participa aux manifestations de rues au cours desquelles de nombreux étrangers réclamèrent leur engagement en tricolore. Tous considérés comme américains, ce que Bedaux n'était pas encore officiellement, ils durent se rabattre sur la Légion étrangère, transportée d'Algérie en France dès le début du conflit et autorisée par une loi spéciale à incorporer ces volontaires. Ils furent recrutés « pour la durée de la guerre » au début du mois de septembre. À cette époque, près de 40 000 étrangers se présentèrent aux guichets d'enrôlement ouverts dans les grandes villes, dont 3 600 Américains. Un quart fut jugé apte, dont 200 Américains du Nord et du Sud, parmi lesquels le poète Alan Seeger (tué en 1916), le compositeur Cole Porter et le colonel Sweeney, qui participera plus tard à la création de l'escadrille La Fayette. Les autres étaient russes (comme Zinovi Pechkoff, le fils adoptif de Maxime Gorki), italiens (comme Peppino Garibaldi, fils de Giuseppe, tué au front en 1914, ou Lazare Ponticelli, le « dernier poilu » décédé en 2008), bulgares, espagnols, grecs, suisses, belges, etc. Un peu plus de 500 Luxembourgeois franchirent aussi le pas, ce qui est considérable compte tenu de la taille et de la faible population du grand-duché. Ils furent versés dans des régiments de marche de la Légion étrangère.

En raison de son métier civil, Bedaux fut affecté à l'organisation et la logistique de son unité, le 1er bataillon du 2e régiment de marche, rattaché au 2e étranger, venu d'Oran avec à sa tête le colonel Flavien Passard. Ceux qui étaient jugés aptes à combattre étaient rapidement formés à Paris, avant d'être dirigés vers le front de Champagne. Les autres rejoignaient des dépôts en province, à Toulouse, Montélimar, Nîmes, Lyon, Bayonne et Orléans, où on les amalgamait aux légionnaires d'active venus d'Afrique du Nord. Bedaux fut affecté au dépôt du quartier Pérignon de Toulouse. Malgré son désir de se battre, il ne vit jamais le feu. Au début de décembre 1914, il fut victime d'un accident lors d'un transport de munitions. Une caisse perdit l'équilibre, tomba et lui fractura le pied. Transporté à l'hôpital, il y contracta une hémoptysie qui, heureusement pour lui, ne s'avéra pas tuberculeuse. Ses problèmes pulmonaires, qui n'avaient pas empêché son engagement, l'avaient rattrapé. Et comme on le redoutait contagieux, il fut libéré du service le 26 décembre 1914.

Sa guerre était finie avant même d'avoir vraiment commencé. Il s'embarqua sur un paquebot au Havre et rentra aux États-Unis. Faute de gloire, il emportait avec lui, du moins c'est ainsi qu'il le racontera, l'idée originale qui lui manquait.

4

Le « système B. »

Dans une interview donnée à la presse française en août 1929, au moment où il ouvrait ses filiales dans son pays d'origine, Charles Bedaux prétendit avoir conçu sa méthode d'organisation du travail dans sa chambrée toulousaine de la Légion étrangère, à l'automne 1914. Elle serait donc née d'une fulgurance ou d'une révélation nocturne. C'est exagéré, sinon inventé. Le développement de « l'idée » prit du temps, des efforts, des lectures et beaucoup de brouillons. Peut-être apparut à Toulouse le point de départ : puisqu'il existait une unité de mesure des longueurs ou des volumes, pourquoi n'y en aurait-il pas une pour le travail humain, quel que soit le domaine dans lequel il s'exerce ? Restait à la concevoir et à la mettre en équations, ce à quoi l'éphémère légionnaire s'employa dès son retour aux États-Unis, pendant des jours et des nuits.

Il retrouva sa famille et, élément déterminant, Morrini, qu'il avait convaincu de transférer ses activités de consultant de New York à Grand Rapids. Son ami l'embaucha séance tenante au tarif appréciable de 150 dollars par semaine, six ou sept fois le salaire moyen américain de l'époque. Le jour, Bedaux remplissait ses missions auprès des entreprises du Michigan ; le soir, il travaillait à son idée, couvrant ses carnets de formules mathématiques qu'il tentait ensuite d'appliquer à des exemples concrets, testant ses intuitions et calculs auprès de Morrini. Il n'y eut donc pas d'« eurêka » mais un patient travail de réflexion, d'expérimentation en chambre avant que la solution ne naisse.

Le point de départ en fut la lecture approfondie des œuvres de Taylor et Emerson. Elles étaient nées aux États-Unis, au sortir des vingt années de la « Grande Dépression » commencée vers 1875. C'est à ce moment qu'émergea ce que les historiens de l'économie appellent « le second capitalisme », marqué par le développement technique et industriel, une hausse de la consommation des ménages et la concentration du capital. Les États-Unis s'y adaptèrent mieux que leurs rivaux et devinrent rapidement la première puissance économique mondiale. Dominatrice depuis trois quarts de siècle, l'Angleterre rentrait dans le rang. Sa part dans la production industrielle mondiale passa de 32 % en 1870 à 14 % en 1914, tandis que celle des États-Unis bondissait de 23 à 38 %. L'ancienne colonie prenait la première place, grâce à la soif de réussir de sa population immigrée, l'ambition de ses capitalistes et l'originalité de ses méthodes. Dans le même temps, la classe ouvrière s'organisait, obtenait une hausse importante des salaires et se muait plus que jamais en « classe dangereuse » pour les oligarchies obligées de tenir compte de cette pression. Les concessions des patrons furent nombreuses, mais pas sans contreparties : la hausse du niveau de vie devait s'accompagner de celle de la productivité et des profits. À bien y réfléchir, il n'y a pas de meilleur cocktail en économie libérale. Qui plus est, la concurrence entre les firmes s'exacerba. Partant, nombreux furent ceux qui planchèrent sur une meilleure organisation du travail, pour produire mieux, plus et moins cher.

Autour de la maxime d'Adam Smith selon laquelle « obtenir plus de produit pour le même travail est le comble de l'industrie », les apports de Taylor sont bien connus. Si ses préconisations sont aujourd'hui assimilées aux commandements du diable, leur mise en œuvre enthousiaste par les industriels des années 1910-1930 apparut comme le début d'une ère nouvelle. Taylor prônait une organisation scientifique du travail (OST), dans le but de produire plus et à moindre coût[1]. Elle impliquait la définition des méthodes de production par l'employeur et non plus par l'employé spécialiste de son métier, changement radical et souvent douloureux. En découlait le découpage de la production en étapes simples et la fixation d'objectifs chiffrés pour chacune d'elles, avec pour corollaire la surveillance et l'évaluation des activités à chaque stade de la production. Partant, le salaire des ouvriers devait être fixé au rendement. Leur niveau de vie dépendait donc de leur implication. Même si Taylor lui-même ne l'avait pas préconisée, la conséquence de l'OST fut l'instauration, par Henry Ford le premier dans ses usines automobiles à

1. Son ouvrage principal est *Principes of Scientific Management*, traduit en français dès 1911 sous le titre *La Direction scientifique des entreprises*.

partir de 1913, du travail à la chaîne par fractionnement et chronométrage des gestes de production[2].

Les théories d'Emerson, fixées dans douze « principes opérationnels » qu'il publia en 1912[3], visaient de même à l'amélioration de la productivité au travers de la fixation d'objectifs clairs, d'une rigoureuse discipline, de la réduction du nombre d'opérations, de la standardisation des tâches, de la rationalisation du stockage et des expéditions. À la différence de Taylor, Emerson accordait une place plus large aux aspects psychologiques et aux contreparties concédées aux salariés. Ils devaient être traités « impartialement » et jouir de conditions de travail suscitant leur adhésion. L'ouvrier devait par conséquent constater le résultat de ses efforts sur sa fiche de paie. Emerson allait jusqu'à introduire dans la marche des entreprises des éléments aussi difficiles à chiffrer que l'idéal commun, le bon sens et l'esprit de coopération entre les différents acteurs de la production. Un de ses disciples, Charles Edward Knoeppel (1881-1936), reprit et perfectionna ces théories, publiant notamment des articles remarqués sur « la production maximale grâce à l'organisation et la supervision du travail » et la nécessité de bien préparer en amont l'activité productive (1908). Il fonda son propre cabinet à

2. L'idée n'était pas neuve. On se souvient qu'à la fin du XVIIIe siècle, Adam Smith avait décortiqué les méthodes d'un atelier de production d'épingles. Il avait découpé la production en 18 gestes simples. La spécialisation des ouvriers avait été mise en œuvre très tôt en Angleterre, mais sans la soupape des modulations de salaires en fonction de la hausse de la production.

3. « The twelve principles of efficency », *Engineering Magazine*, 1912.

Philadelphie, en 1914, ce qui ne manqua pas d'attirer l'attention de tous ceux qui voulaient l'imiter.

À ces deux ou trois principales références, Bedaux ajouta des apports sociologiques tirés des grands auteurs de l'époque, dont notamment Angelo Mosso et Jules Amar sur la psychologie du travail, le marxiste britannique John Haldane, le sociologue Veblen et, on va comprendre pourquoi, les connaissances physiologiques, médicales et psychotechniques. Il intégra ainsi dans sa réflexion l'importance et la mesure des temps de repos nécessaires, l'aptitude des salariés à occuper un poste de travail ou à évoluer vers d'autres tâches. Il exploita encore les pratiques de Frank Bunker Gilbreth (1868-1924), un disciple orthodoxe de Taylor qui avait poussé ses expériences jusqu'à filmer les gestes des ouvriers, ce qui lui permit de dégager 17 mouvements simples qui servaient à quasiment toutes les actions.

Une mesure du travail humain émergea de ces apports et des réflexions de Charles Bedaux. Elle englobait l'effort et la fatigue, cette dernière étant réputée étrangère aux théories de Taylor. De même, pour celui-ci, la mesure du temps était variable au sein de la même entreprise en fonction des tâches et des personnes. Elle reposait sur un simple chronométrage, tâche par tâche, atelier par atelier. Bedaux entendait prendre une direction différente et plus uniforme, avec une unité unique de mesure de l'énergie humaine. Il en découlerait une nouvelle forme de rémunération, ni à l'heure ni à la pièce, mais « au mérite », ce qui impliquait de pouvoir comparer les qualités individuelles des ouvriers, quel que soit leur poste. Cette générosité apparente devait évidemment avoir pour principal effet une amélioration de la qualité et des coûts de la production. La méthode Bedaux devait conjuguer l'OST classique et une nouvelle définition des rapports sociaux dans l'entreprise par un partage (inégal) des gains de productivité : hausse des ventes et profits d'une part, récompense, bien-être au travail et en famille d'autre part. Il n'avait rien inventé – et sûrement pas le chronométrage, qui était pratiqué dans de très nombreuses entreprises –, mais il avait synthétisé, réuni, rendu pratiques des apports divers et simplifié à l'extrême l'interprétation du facteur temps dans la production.

À partir du principe que le travail est une énergie qui peut se mesurer, Bedaux déduisit une unité évaluant à la fois l'effort et le repos. Il la baptisa « unité B. » ou « unité Bedaux ». Il l'exposa, alors qu'il l'expérimentait déjà auprès de plusieurs entreprises, dans un ouvrage de 324 pages publié en 1917, *The Bedaux Efficiency Course for Industrial Application*.

Une « unité B. » était définie comme « une fraction de minute de travail et une fraction de minute de repos ». Elle permettait de connaître « la quantité d'énergie physiologique utile qu'un être humain normalement constitué peut déployer en une minute, en tenant compte du repos nécessaire normal ». Chaque entreprise et, au sein de chaque entreprise, chaque poste de travail devaient être évalués avec une mesure unique, le fameux « Bedaux ». Pour le définir, on chronométrait le temps des opérations élémentaires nécessaires à la fabrication d'un objet (T) puis la vitesse du mouvement et la fatigue nécessaire transformées en coefficient d'effort (*e*), le tout ramené à 60 secondes. L'équation simple était donc : B(edaux) = (T × *e*) : 60. Un bon ouvrier était celui qui avait un rendement de 60 Bedaux à l'heure. Tout était fondé sur une « échelle rythmique » (*sic*), graduée de 0 (au repos) à 80 (optimum de la vitesse), avec comme objectif de ne jamais descendre en dessous de 60 pour chaque poste et, mieux, d'essayer d'atteindre les 80.

La méthode était dynamique, jamais finie. L'« analyse fonctionnelle » initiale était actualisée en permanence. Au niveau de l'entreprise, on surveillait le nombre total de « Bedaux » quotidiens, hebdomadaires ou mensuels afin de s'adapter, mais aussi des facteurs comme le bruit, la température, l'éclairage, les incidents de production nécessitant des changements de pièces, etc. Le surmenage des ouvriers était l'ennemi, ce qui devait plaire aux intéressés et à leurs organisations syndicales. Au bas de l'échelle, le calcul du nombre de « Bedaux » de chaque ouvrier devait quant à lui être quotidien, ce qui équivalait à la discipline et à la surveillance des systèmes Taylor et Emerson. Il permettait d'ajuster et de peaufiner les conditions d'amélioration du processus et… de choisir les meilleurs ouvriers pour chaque poste. Jusqu'à 60, les « Bedaux » étaient dits « exigibles » et valaient à l'ouvrier son salaire normal. Au-delà, les « primes Bedaux » déclenchaient un supplément de salaire pouvant théoriquement aller jusqu'à 100 %. En dessous de 60 « Bedaux », on devait remplacer l'ouvrier, soit en lui trouvant un poste correspondant mieux à ses capacités, soit en le remerciant.

Pour résumer, le « point Bedaux » était la quantité de travail produite en une minute à un rythme normal, compte tenu du repos nécessaire à l'exécution de ce travail. Selon la difficulté de la tâche, le point variait en pourcentage de repos et de travail, mais toujours en recherchant une valeur égale ou supérieure à 60. De même, les temps de pause variaient en fonction du poste occupé, plus long pour ceux qui déployaient un effort physique que pour ceux qui occupaient, par exemple, un emploi de bureau.

Au fil des expériences, Charles Bedaux fera évoluer et complétera sa méthode. À côté de « l'unité B. » existera dans certaines entreprises un indice des « facultés mentales » de chaque employé, mesurant sa « valeur » économique *et* sociale, en intégrant ses capacités de progression[4]. Un temps employé dans les sociétés Bedaux, l'ingénieur principal Beaufray conclura que « cette analyse permettait à l'ouvrier de mieux travailler et à l'entrepreneur de mieux prévoir ».

La définition des salaires en fonction du rendement n'était cependant qu'un aspect superficiel du système. La productivité et le profit en restaient le cœur. Et comme les observations, les calculs et les adaptations étaient complexes et consommateurs de temps, les firmes qui faisaient appel à l'équipe Bedaux ne pouvaient se passer de ses ingénieurs-conseils, lesquels possédaient

4. On a ici épargné au lecteur certains aspects « scientifiques » du système comme les rapports entre les « Bedaux primes » et les autres primes de l'entreprise ou la division de l'activité en quatre sortes de points-heures toujours exprimée en équations complexes. Tous les détails sur ces points sont résumés dans l'article d'Yves Levant et Olivier de La Villarmois cité dans la bibliographie.

parfaitement les tenants et aboutissants de la méthode, sorte d'« usine à gaz » d'équations et courbes noyés dans un jargon « maison », à traduire concrètement dans les ateliers. C'est ce qu'estima le Bureau international du travail, dans son bulletin *Informations sociales* du 15 juillet 1935 : « Du point de vue de l'administration et de l'organisation [...], le système Bedaux permet de réduire les coûts de production, mais il complique le calcul des salaires. » Mais, ajoutera-t-on, du point de vue patronal, peu importait cette complexité – gérée par les spécialistes envoyés ou formés par Bedaux – si la production croissait en entraînant sur la même pente les bénéfices.

Bedaux présentera toujours son système comme managérial *et* social, presque innocent. Ainsi, au moment de le lancer en France, il expliquera à la presse que son unité « n'est pas une minute d'effort, mais une minute où l'effort et le repos sont rationnellement combinés » pour calculer « le rendement de l'énergie ». Il déclara un jour, en plaisantant, que « les ingénieurs mesurant la force en chevaux-vapeur, son système mesurait le travail en hommes-vapeur ».

Tout cela peut paraître aujourd'hui un peu fumeux. Il n'empêche que ce système allait faire de Charles Bedaux un des hommes les plus influents et recherchés des États-Unis. Ce succès s'explique certes par la souplesse de sa méthode, adaptable à tous les pays, à toutes les activités et à tous les postes, mais aussi et surtout à ses résultats économiques pour les actionnaires comme pour les employés.

5

L'envol

Tandis qu'il mettait au point sa méthode, Charles Bedaux continuait à travailler en parfaite entente avec Morrini. Au tournant de 1916, l'association des industriels de Grand Rapids leur commanda un rapport général sur les activités locales et les moyens de les développer. C'est Bedaux qui le rédigea, après avoir passé des jours à visiter les lieux de production et à analyser les comptes. Impressionné par ce travail, Frederik Brearly, un vieil entrepreneur en import-export, entra en contact avec lui. Lors d'un déjeuner, il l'écouta exposer ses idées. Charles en profita pour lui faire part de son désir de lancer sa propre société de consultants. Quelques rencontres plus tard, Brearly était définitivement séduit et mit la main à la poche pour avancer les fonds nécessaires à cette création. Il sera vite remboursé.

En avril 1916, la Charles Bedaux Company fut portée sur les fonts baptismaux, bientôt doublée, pour publier les textes et poursuivre les recherches de son propriétaire, d'un Bedaux International Institute. Structure légère à ses débuts, avec quelques employés, elle obtint son premier contrat avec Wolverine Brass, spécialisée en tuyauterie et en plomberie. Morrini était le précédent consultant de l'entreprise. Il dut céder la place à celui qui était devenu en un clin d'œil son concurrent. Un second contrat fut signé peu après avec le fabricant de meubles Imperial Furniture. Et ainsi de suite dans tout le Michigan puis dans l'Ohio voisin. Un an plus tard, selon la formule consacrée outre-Atlantique, Bedaux avait gagné son premier million. Il avait trente et un ans, ce qui n'était pas jeune au regard des standards du « rêve américain », mais il rattrapait à grands pas le temps perdu. Le 18 septembre 1917, il obtint définitivement la nationalité américaine, ce qui facilita son expansion, en même temps que sa vie personnelle.

La société Bedaux engrangea alors les contrats, d'abord auprès des petites industries, avant d'attaquer les grandes, voire les très grandes. Sans cesse en mouvement, le patron sillonnait les États-Unis et parvenait à convaincre une multitude d'interlocuteurs. Grâce à un système d'intéressement, ses employés participaient eux aussi au développement, moyennant jusqu'à 10 % des bénéfices sur les contrats qu'ils apportaient. Lorsqu'un accord était signé, ils débarquaient dans les entreprises et, rapidement, auditaient les besoins avant de tout ramener à des « unités B. » pour déclencher les réorganisations. Ils formaient ensuite des cadres de l'entreprise, chacun dans un secteur de la « méthode ». Ce sont eux qui reformulaient ensuite les tâches quotidiennes, tandis que les hommes de Bedaux n'intervenaient que pour les ajustements nécessaires. Il n'y avait donc pas besoin, de ce côté-ci, de multiplier les embauches. Le client fournissait le personnel que les ingénieurs Bedaux formaient à leurs méthodes. Cette martingale – dont nos consultants modernes usent encore – faisait considérablement baisser la facture finale (puisque le personnel était déjà intégré aux coûts de l'entreprise), en même temps qu'elle réduisait les frais généraux du consultant. Dans le jargon managérial – et un peu hérissant – de notre époque, on dirait que le marché était « gagnant-gagnant ».

Plusieurs filiales furent créées autour de la maison mère dont le siège passa de Grand Rapids à Cleveland puis New York, sur Madison Avenue (1919) puis sur la 40e Rue est (1931). La direction générale fut confiée à l'ingénieur des Arts et Métiers et officier de marine Albert Ramond. Envoyé aux États-Unis après-guerre pour clore les contrats de fourniture de l'armée française, il avait choisi d'y rester. Il sera toujours l'élément stable des entreprises Bedaux, tandis que son patron parcourra le monde. On verra aussi que, le moment venu, cet homme à la fidélité élastique n'hésitera pas à profiter des difficultés de Charles pour prendre sa place, grâce à un putsch interne. Ramond était secondé par l'ingénieur américain Frank Mead, un des premiers employés de Cleveland.

Les « Bedaux *Boys* » – appelés en français « ingénieurs Bedaux », quelle que soit leur formation – intervinrent bientôt chez Dupont de Nemours, Kodak, Standard Oil, American Rolling Mill (sidérurgie), les soupes Campbell (dont la boîte sera immortalisée par Andy Warhol), American Southern (coton), Delco Remy (filiale de General Motors) et des dizaines d'autres entreprises. Chantre du taylorisme, Henry Ford se tourna aussi vers Bedaux pour compléter son organisation du travail et accélérer sa production. L'Amérique en guerre avec l'Allemagne, puis l'Amérique lançant la consommation de masse avaient besoin de réduire les coûts, d'obtenir le maximum de ses travailleurs, de fournir à tous, après les armes, les uniformes et les obus, des réfrigérateurs, des automobiles ou des avions. Au milieu des années 1930, le fichier clients des entreprises Bedaux comptera 500 sociétés américaines. Certaines doubleront leur productivité en appliquant le « système B. », non sans que les salaires des ouvriers augmentent dans des proportions appréciables mais bien sûr inférieures à celles des profits. Ce développement était porté, tous les témoignages concordent, par un patron intelligent, énergique et séducteur, capable de décortiquer et d'analyser toutes les questions que les clients potentiels lui soumettaient. Comme, en principe, on n'a jamais rien sans rien, une des clés de la réussite fut un labeur de tous les instants. La suite l'a injustement fait oublier, Bedaux étant réduit au rôle de prestidigitateur ou d'emberlificoteur.

L'Europe ne tarda pas à entendre parler de la nouvelle méthode, dont le bréviaire circulait en plusieurs langues. La compagnie devint rapidement internationale. Après un rapport élogieux du National Industrial Board de Londres[1], l'Angleterre fut la première à répondre aux démarchages de ses agents, avec Imperial Chemical et plusieurs manufactures textiles de Leicester, en

1. Cette instance estimait que le « système B. » permettait d'augmenter la productivité de 50 % et les salaires de 20 %, tandis que les coûts de revient baissaient de 20 %.

attendant 225 autres établissements dont les usines automobiles Rover de Coventry.

Ce développement fut à peine contrarié par les grandes grèves organisées dans la région de Birmingham pour protester contre le chronométrage et la hausse des cadences. Là, le feu fut mis aux poudres à l'appel de celle qui allait devenir l'égérie des syndicats anglais, Jessie Eden. Elle travaillait dans l'usine de mécanique de Charles Lucas lorsque deux consultants américains de Bedaux y débarquèrent pour étudier les modes de production. Ils eurent la mauvaise idée de choisir son atelier comme référence. Ils commencèrent à mesurer ses gestes, ses moments de repos et de travail, jusqu'au temps passé aux toilettes. La jeune femme et ses collègues cessèrent le travail pour protester contre cette intrusion. Soutenues par les syndicats et le parti communiste, elles entraînèrent toute l'usine Lucas et bientôt celles des environs dans le mouvement. On dénombra 10000 grévistes. La direction renonça au système Bedaux, mais licencia Jessie, qui entama une carrière d'activiste[2].

L'échec chez Lucas ne freina pas l'expansion des entreprises Bedaux au Royaume-Uni. Suivront 50 sociétés italiennes (dont Fiat), une quarantaine d'allemandes (Continental Gummi, Deutsche Linoleum, des manufactures à Stettin, Hambourg, Munich, etc.), quelques dizaines en Hollande (Philips, Unilever, etc.) et près de 150 françaises (voir *infra*). En 1931, 325000 ouvriers étaient soumis au « système B. ». Ce chiffre peut être

2. Eden est représentée, sans respect de la chronologie (la grève est située en 1926), dans la saison 4 de la série *Peaky Blinders*. Son rôle est tenu par Charlotte Murphy.

multiplié par deux ou trois dès les années suivantes, puisqu'en 1937, la méthode Bedaux sera implantée dans 1 126 entreprises, aux États-Unis (500), en Grande-Bretagne (225), en France (144), en Italie (49), aux Pays-Bas (39), en Allemagne (25), au Canada (25), en Belgique (22), en Australie (17), en Finlande (11), en Tchécoslovaquie (11). De nombreux secteurs étaient sensibles à ses charmes, textile en tête, suivi des industries chimiques, de l'agroalimentaire, de la métallurgie et de la mécanique. Avec habileté, Bedaux plaçait toujours à la présidence de ses filiales des autochtones distingués : un membre de l'*Establishment* industriel et financier, sir Francis Rose, en Angleterre, un dirigeant de la Fiat, Giovanni Agnelli, en Italie – et son frère Piero, ponte des pneus Pirelli, au conseil d'administration –, un consultant réputé, Duez, en France – avec un habitué des cabinets ministériels, Raoul Dautry, dans ses proches conseillers –, un ex-président de la société Continental Gummi und Gutta-Percha AG, fabricant des pneumatiques Continental, l'ex-général Tischbein[3], etc. Quant à la filiale suisse, elle fut confiée à Daniel Bedaux, le frère du fondateur installé aux Contamines, en Haute-Savoie, mais n'eut que quelques années d'existence et aucun client.

Autour des principes énoncés dans *The Bedaux Efficiency Course for Industrial Application*, la compagnie Bedaux restait discrète sur ses méthodes. Elle cloisonnait ses

3. Cet ancien général d'artillerie, dont les canons auraient bombardé la cathédrale de Reims pendant la Grande Guerre, reçut quelques actions de la société Bedaux International.

activités. Hormis son patron, la maison mère américaine était peu informée des succès européens, réalisés par des sociétés indépendantes ne rendant de comptes qu'au grand chef. Il en allait de même sur le terrain, au sein des équipes d'ingénieurs. La partie « chronométrage » (opérée par des « chronométreurs référence Bedaux ») et la partie « organisation de l'entreprise » étaient séparées, de telle sorte que chacune analysât les conclusions, toujours provisoires, de l'autre et ne se contentât pas de résultats moyens. Quant aux chefs d'entreprise, ils signaient un contrat leur interdisant de contester le calcul des « unités B. » appliquées dans leurs ateliers. Quels que soient les résultats constatés, le prix de l'intervention était fixé une fois pour toutes, généralement 10 puis 15 dollars de l'heure par intervenant. L'ensemble des opérations était précédé par une conférence d'initiation des employés afin que, même ignorant où on pourrait les mener, ils connaissent la règle du jeu qui allait désormais s'appliquer. Finalement, Bedaux savait tout de ses clients, tandis que ceux-ci en savaient le moins possible sur sa méthode, autre élément du métier de consultant qui perdure.

Dix ans après sa création, la Charles Bedaux Company avait des bureaux dans 22 pays, souvent « indépendants », versant donc des royalties directement au propriétaire du « système B. », Charles Bedaux lui-même. Son tarif à lui était de 15 % des bénéfices. Le groupe employait plus de 400 ingénieurs et quelques centaines d'autres salariés. Après une période d'observation, les premiers étaient payés, dans les années 1920, 3 à 4 dollars de l'heure, ce qui était plus que correct.

Les cadres dirigeants et patrons de filiales approchaient les 25 000 dollars par an et quelques-uns étaient actionnaires des filiales. Avec son salaire et ses royalties, leur patron devint la cinquième fortune des États-Unis au début des années 1930. Il l'accrut encore avec la création de Bedaux International d'Amsterdam, en 1934, détenue par lui et Fern, sa seconde épouse, et destinée à faire « remonter » vers lui ses droits d'inventeur, estimés hors des États-Unis à un million de dollars par an.

La fortune du petit gars de Charenton et du *factotum* de Pigalle était faite. Les règles d'exploitation de sa méthode la rendaient apparemment solide et pérenne. Sans relâcher ses efforts mais en les répartissant différemment, il se dit que le moment était venu de profiter de la vie.

6

Charles-The man

À la fin des années 1920, alors qu'il s'apprêtait à étendre son empire dans l'Hexagone, Charles Bedaux reçut le journaliste Jean Delage au château de Candé qu'il venait d'acquérir. Titré « La prodigieuse aventure de Charles Bedaux. L'homme qui a mesuré l'énergie humaine », l'article fut publié le 5 août 1929 dans *L'Écho de Paris*, quotidien qui tirait alors à 500 000 exemplaires[1]. Manifestement, le chef d'entreprise avait séduit son intervieweur : « Imaginez un homme de taille moyenne, plutôt petit [NDA : il mesurait 1,71 m], solide, agile, avec des yeux très durs et très doux, selon qu'il pense ou qu'il s'abandonne aux souvenirs ; un visage sillonné de mille rides, vestiges de luttes, de souffrances, un visage cependant curieusement jeune et ouvert. Distant et avenant, courtois et brusque tout à la fois, voici Charles E. Bedaux. » Celui-ci était alors à un tournant de sa vie.

1. Proche de la droite nationaliste, le journal eut et aura comme collaborateurs Georges Clemenceau, Maurice Barrès, Guy de Maupassant, Louis Madelin, Henri de Kérillis, Pierre Lazareff, André Géraud (dit Pertinax), François Mitterrand, etc.

La quarantaine passée, après trois décennies d'efforts et souvent de nuits blanches, il pouvait se permettre de faire travailler les autres pour son profit, se réservant les grandes négociations et la gestion de ses comptes en banque, avec des voyages de relations publiques à travers le monde et de nombreux allers-retours New York-Southampton en paquebot. Non seulement il avait mis au point une méthode d'organisation du travail à succès, mais il avait aussi bâti un système d'exploitation de son idée qui lui fournissait de confortables revenus. Il pourra bientôt se contenter d'être seulement un représentant des intérêts ou un attaché de presse de haut vol de son entreprise, moins impliqué dans les aspects strictement opérationnels. En 1937, la presse évaluera ses avoirs à 50 millions de dollars.

Depuis toujours, il avait beaucoup donné de sa personne. Inventeur d'une méthode prétendant à la maîtrise du temps, Bedaux était un homme qui ne comptait pas ses heures. Toutes les villes industrielles, toutes les entreprises significatives des États-Unis puis de l'Europe de l'Ouest avaient reçu la visite de cet homme toujours élégant et souriant, ressemblant plus à un grand capitaine qu'à un ingénieur besogneux. Il repartait souvent avec des contrats dans sa besace et à la clé la formation d'urgence d'un bureau local, mais aussi le souvenir de conquêtes féminines auxquelles il n'attachait pas grande importance. Son épouse Blanche n'était quasiment jamais du voyage, ce qui lui laissait l'esprit libre pour ses deux principales activités, dans les deux cas ramenées à sa puissance de persuasion et de séduction.

Une de ses maîtresses les plus stables était sa secrétaire, Kathryn Glarum. Blanche finit par se douter de quelque chose. Elle fit un jour irruption au bureau et les surprit au moment le moins opportun. Elle toléra pourtant la liaison, aidant semble-t-il la jeune femme à avorter puis allant jusqu'à participer à un voyage au Japon avec les deux amants (le monde à l'envers !). C'est au pays du Soleil-Levant qu'elle rendit à son époux volage la monnaie de sa pièce avec un séduisant sexagénaire, Albert Laurence Bagnall. Elle décida de quitter Charles pour ce parti tout aussi intéressant mais plus reposant. Le divorce fut prononcé, et Blanche se remaria en mars 1917. Elle alla vivre en Californie, au moment du décollage effectif des entreprises Bedaux. Le couple se sépara sans déchirements excessifs. Blanche eut la garde de leur fils Charles-Émile, qui ne verra guère son géniteur jusqu'à sa majorité mais rejoindra plus tard son entourage professionnel. Si l'idée l'avait effleuré de regretter cet échec conjugal, Bedaux n'aurait pu s'en prendre qu'à lui-même. Mais il n'éprouva aucun regret. Son cœur battait déjà pour une autre femme, Fern Lombard.

Âgée de vingt-quatre ans – elle était née le 24 novembre 1893 à Oshtemo, Michigan –, cette fille chérie d'un avocat de Grand Rapids avait rencontré Charles à son retour de France, en 1915. Ils s'étaient revus de nombreuses fois dans des réceptions, à des conférences ou à l'église de la Science chrétienne dont Fern était adepte. Charles avait été baptisé dans la religion catholique, et ses parents étaient très pratiquants. Il se convertit pourtant à la Science chrétienne. Cette « religion » avait été fondée en 1866 par Mary Baker

Eddy qui disait avoir redécouvert les lois fondamentales appliquées par Jésus, notamment pour la guérison des malades. Elle était elle aussi, si l'on ose dire, un ingénieur-conseil de la foi. Le siège de l'organisation était à Boston, mais Grand Rapids en était un des centres les plus importants[2].

Charles et Fern finirent par tomber amoureux et – oubliées Blanche et Kathryn Glarum ! – se marièrent dès le 2 juillet 1917. Le *Grand Rapids Herald* du lendemain rendit compte des circonstances particulières de la cérémonie. Alors qu'ils rejoignaient l'église, un des pneus de leur automobile creva. Un homme s'arrêta pour les aider. Il était prêtre et, fort des papiers que lui présenta Charles, reçut sur-le-champ leurs vœux, façon peut-être d'échapper à la mine désapprobatrice de ses beaux-parents, peu enthousiastes au départ de cette union.

Un binôme fusionnel, complémentaire et tolérant venait de se former, qui montera haut – très haut – dans la bonne société américaine et européenne. Qui plus est, rassuré sur son gendre, James, le père de Fern, avocat d'affaires réputé, mit son carnet d'adresses à sa disposition. Il connaissait du monde dans son État et aux États-Unis, de quoi élargir un réseau jusqu'au cœur du pouvoir économique et politique. Toujours joindre l'utile à l'agréable, un précepte bien dans le style de Charles Bedaux. Son sens du devoir était d'autant plus vif qu'il correspondait davantage à ses intérêts.

---

2. Cette « Église » existe et prospère encore de nos jours. Elle a une importante implantation à Paris, boulevard Blanqui.

Rapidement, le succès des entreprises Bedaux permit au couple de vivre dans l'opulence et à sa guise. Ils achetèrent un appartement à New York – au 1120 5e Avenue, avec vue sur Central Park évidemment – doublé de suites au Plaza puis au Ritz, toutes deux meublées à leur goût, tandis que Charles logeait ses maîtresses et organisait ses soirées privées dans une garçonnière de Greenwich Village. Les Bedaux louèrent en outre une maison à Marblehead dans le Massachusetts, en acquirent une autre à Palm Springs en Californie – appelée Ricehope. Le Ritz de Paris était leur point de chute dans la capitale française, l'Adlon à Berlin, le Savoy ou le Claridge à Londres. Un manoir en Écosse et un relais de chasse en Hongrie vinrent plus tard compléter leur collection de pied-à-terre. Et bien sûr, nous en parlerons, ils s'offrirent le château de Candé en 1927. Dans ses bureaux et ses logements, Charles plaçait toujours une multitude de cadres avec des photos de son épouse, certes, mais aussi de ses principaux clients posant avec lui bras dessus bras dessous. À New York et, plus tard, à Candé, ses visiteurs pouvaient parfois jeter un coup d'œil sur son armurerie où s'alignaient les fusils de chasse, un sport auquel il s'adonnait avec passion. Partout, sa table était soignée, préparée et servie par un personnel haut de gamme.

Fern était couverte de bijoux – lors d'un cambriolage à Candé, on en volera pour un million de dollars –, ne manquait ni de robes, ni de chapeaux, ni de rien. Elle faisait l'admiration de tous, y compris des reporters, dont celui de *Paris-Soir* la décrivant « grande, mince, blonde avec de grands yeux bleus » dans un article de mai 1937. En 1921, Charles s'offrit une Rolls-Royce Silver Ghost, alors l'automobile la plus chère du monde. Il adhéra à des clubs prestigieux comme le Cloud Club, l'Union Club ou le Ardsley Country Club. Les rubriques mondaines des quotidiens américains – le *New York Times* adorait alors les Bedaux – puis européens se faisaient l'écho de leurs voyages, de leurs réceptions, des parties de chasse où l'aristocratie du Vieux Continent admit de plus en plus ces parvenus, sans parler des safaris, des chasses au lion et des expéditions aventureuses qu'ils organisaient. Chaque déplacement nécessitait un peloton de commis pour leurs malles et valises, Charles portant toujours lui-même une sacoche débordant de papiers et de dossiers.

Le couple rendait visite ou recevait des célébrités de tous les milieux. Ils en croisaient d'autres dans les boîtes de nuit et les grands restaurants des deux côtes américaines, sur la Côte d'Azur et dans les capitales européennes, tels Ernest Hemingway, Charlie Chaplin, Errol Flynn, le patron de *Vanity Fair* Frank Crowninshield, le critique dramatique Alexander Woollcott, sans parler des grands patrons et des politiciens. En ces temps de Prohibition, Charles et Fern savaient toujours trouver des lieux où l'on servait de l'alcool, ce qui attirait à eux toute une clientèle nocturne, recommandable le plus souvent mais dans laquelle quelques débrouillards ou alcooliques impénitents fréquentaient une pègre florissante engraissée par les trafics. Bientôt, les pages hippiques évoquèrent l'écurie de course que Charles s'offrit et qui participa à des meetings des deux côtés de l'Atlantique.

À Maisons-Laffitte, à Longchamp et sur les principaux hippodromes français, on finit par reconnaître les chevaux – *Out of danger, Degamhart, Petlach, Salarino,* etc. – courant sous les couleurs de « Charles et Fern L. Bedaux ».

On découvrit encore notre personnage en chantre de l'amitié franco-américaine lorsqu'en 1924 il fonda la Washington-Lafayette Institution, dont il prit la présidence. Il l'installa confortablement au 17 Battery Place à New York, premier siège central de ses sociétés qui migrera plus tard au 62ᵉ étage (ou 63ᵉ niveau) du célébrissime Chrysler Building, gratte-ciel construit de 1928 à 1930, alors plus haut édifice du monde après la tour Eiffel. Étaient notamment membres du conseil d'administration de l'institution le général John Pershing (ancien chef du corps expéditionnaire américain en Europe), le ministre Herbert Hoover (secrétaire au Commerce du président Calvin Coolidge et son successeur à la Maison-Blanche[3]), le maître général des Postes Harry New, le président de la Fédération du travail William Green, le représentant Piati Andrews, le sénateur canadien Raoul Dandurand, etc. La Washington-Lafayette organisait des conférences très courues.

New et Hoover prirent toutefois leurs distances en 1925, pour protester contre le ton d'un opuscule, *Debt to France,* qui prônait l'abandon des dettes de la France – 3,5 milliards de dollars sur les 10 dus aux États-Unis par les belligérants – et ne faisait pas la part assez belle aux efforts déployés par les États-Unis pendant la Première

3. Coolidge fut président de 1923 à 1929 et Hoover les quatre années suivantes.

Guerre mondiale. L'initiative fut soutenue notamment par W. Lanier Washington, descendant de George, qui publia en avril 1926 dans les journaux du Vieux Continent une tribune où l'on pouvait lire : « Serait-il possible que notre pays [les États-Unis], jusqu'ici considéré comme un des plus généreux, puisse s'égarer au point de demander âprement à la France appauvrie le remboursement intégral de la dette de guerre, en oubliant en même temps notre vieille dette d'honneur ? Nous ne pouvons le croire. » Traduit en français sous le titre *La Dette de l'Amérique à la France*, l'ouvrage valut toutefois à Bedaux d'être reçu et félicité par le président français, Gaston Doumergue, en présence de l'ambassadeur des États-Unis Myron Herrick, le 25 octobre 1926.

Quant aux pages économiques, elles ne tarissaient pas d'éloges sur cet entrepreneur créatif et social, dont les conseils, disait-on, avaient permis aux compagnies qui faisaient appel à son système d'augmenter les salaires de leurs ouvriers « de mille cent millions de francs en dix ans ». Selon l'entreprise – dont les communiqués étaient repris sans coup férir –, les résultats de la méthode étaient spectaculaires : baisse de 35 % des coûts de production et augmentation des salaires de 15 à 20 %. Ces chiffres optimistes étaient souvent contrebalancés par les études plus locales. Ainsi, après avoir évalué les conséquences du système Bedaux dans la Péninsule, la revue italienne *Enios* conclut à des résultats bien différents : augmentation des rendements autour de 16 % pour les ateliers de production, de 80 % pour les services d'emballage (la première spécialité de Charles Bedaux) et de 50 % pour les services de contrôle, avec en face des hausses de salaires respectivement de 5 %, 11 % et 6 %. Les fruits de la croissance étaient inégalement répartis, au moins dans la Botte. Le magazine *Forbes* n'en écrivait pas moins, à la fin des années 1920, que Bedaux « restaurait la confiance entre les employés et les patrons ». La presse française le surnommait « le Taylor français » et vantait son souci du bien-être des travailleurs. Cette demi-légende persistera après sa chute, Pierre Devaux n'hésitant pas à écrire dans le très collaborationniste *Aujourd'hui* du 25 février 1944 : « Si Bedaux était né cent ans plus tôt, le marxisme n'aurait pas existé[4]. » Rien de moins.

À la fin des années 1920, on s'extasiait aussi sur quelques brevets déposés par Charles, dont ceux d'un système d'enregistrement des appels téléphoniques (breveté en 1916), d'un pare-chocs révolutionnaire absorbant les chocs frontaux pour les véhicules de transport (1920), de jeux de constructions mécaniques pour grands et petits (1921 et 1922), de portières spéciales pour les véhicules automobiles (1933). Une de ces activités se poursuit encore de nos jours à l'International Bedaux Institute de Nunspeet, aux Pays-Bas, qui invente et commercialise des « jeux sérieux » (assemblage de modèles réduits, jeux d'organisation, etc.), à côté de sa mission de stimuler les études sur le travail.

À l'issue d'une décennie inouïe, Charles Bedaux avait acquis une vaste et excellente réputation. Il n'était pas une semaine sans que la presse parle de lui, de ses faits et gestes ou des succès du « système B. ». Patron

4. Fondé par Henri Jeanson en 1940, *Aujourd'hui* passa sur ordre des Allemands entre les mains de collaborateurs antisémites, dont le nouveau directeur Georges Suarez, qui sera fusillé en 1944.

incontesté dans ses entreprises, il y avait gagné le surnom de *Charles-The man,* comprendre l'homme par qui toutes les richesses ruisselaient sur les ingénieurs qui appliquaient sa méthode et sur les industriels qui lui faisaient confiance. C'est ce moment qu'il choisit pour s'attaquer au marché français, avec pour base arrière le château de Candé.

7

Retour au pays

Au milieu des années 1920, les activités américaines de Bedaux étaient florissantes et ses revenus réguliers. Dans un Monopoly personnel qu'il pratiqua tout au long de sa carrière, il ne cessait de réorganiser ses entreprises, vendant des succursales et en créant d'autres. Il gagna 100000 dollars dans la cession de celle de Nouvelle-Angleterre à un ancien employé – qui continuera à lui verser des royalties pour l'utilisation de sa méthode – et en fonda une autre dans l'Illinois. Les dirigeants de ses filiales étaient tous associés aux résultats, pour 5 %, lui restant à un tarif compris entre 10 et 15 %. Quoique se sentant parfaitement américain, Charles n'oubliait pas la France, où ses parents, ses frères et sœur résidaient toujours. Sans triomphalisme ni amertume, il souhaitait être prophète en son pays et montrer sa réussite à ceux qui l'avaient vu partir sans le sou. Avant-guerre, il avait déjà traversé l'Atlantique pour tenter sa chance aux côtés de Morrini et de Duez. Avec l'expérience de l'engagement dans la Légion, il avait voulu défendre cette première patrie qu'au fond de lui il chérissait. La création de la Washington-Lafayette Institution était un nouveau service qu'il voulait rendre.

Il voyagea encore en France à l'été 1920, pour une tournée familiale afin de présenter Fern. Ils furent bien reçus par tous. Récemment marié à Marie-Marguerite Boehler et menant une belle carrière d'ingénieur des Ponts et Chaussées, Gaston Bedaux les accueillit pendant plusieurs jours dans la maison de vacances qu'il louait à Saint-Brieuc. Jeux de plage et promenades à bicyclette furent au programme. Charles et Fern repartirent avec Marcelle, la sœur du premier, qui s'installa pour plusieurs mois au Waldorf Astoria de New York, ce qui n'était pas un mauvais point de chute. Les Bedaux d'Amérique revinrent l'année suivante. Charles en profita pour donner « un coup de main » à Renaud Bernard de La Frégeolière, un ancien pilote de la Première Guerre mondiale (escadrille SPA 12) passionné de sports d'hiver[1], qui envisageait de se lancer dans l'industrie, mais y renonça. À Colombes, il visita l'usine française de Goodrich, fabricant de matériel aéronautique et de pneumatiques pour lequel il travaillait aux États-Unis. Sans mandat mais prévoyant peut-être que son commanditaire souhaiterait un jour étendre les méthodes américaines à sa succursale, il ne manqua pas d'imaginer des améliorations possibles de ses process. Lors de ce séjour personnel et professionnel, Goodrich lui demanda d'ailleurs de faire un saut dans ses établissements allemands où son « système B. »

1. Il faisait équipe avec le capitaine Armand de Turenne. Il créera en 1923 la Fédération internationale de bobsleigh et de tobogganing qu'il présidera de 1924 à 1960.

commençait à s'implanter. La conquête du marché français n'était pas pour tout de suite, mais des jalons avaient été posés. Charles dira plus tard qu'il avait été frappé par cette France hésitant entre sa tradition rurale et l'ère industrielle.

Le voyage de 1923 fut d'une autre nature : arrivés en catastrophe de Californie, les époux ne purent assister aux obsèques de la mère de Charles, décédée à l'âge de soixante-douze ans, mais ils réglèrent l'ensemble des frais qu'avaient occasionnés ses soins et son enterrement. En 1926, ce fut au tour de son père d'être emporté. Bedaux revint en Europe. C'est à cette époque qu'il eut un premier contact avec Philippe Pétain, qui le reçut longuement aux Invalides où se trouvaient ses bureaux de commandant en chef des armées. Le maréchal de France venait de remporter la guerre du Rif contre les rebelles marocains, ce qui ajoutait encore à son prestige. Le personnage face auquel Bedaux se retrouva était considérable, et il n'y avait aucune raison de lui refuser quoi que ce soit. À l'issue de l'entretien, Charles accepta de faire un don pour la construction de l'ossuaire de Douaumont qui sera inauguré en 1932 , ce qui paraît avoir été l'objet de l'audience. Il s'engagea aussi à participer au financement d'une statue du « vainqueur de Verdun » commandée par ses amis à Gustave Elsinger. L'œuvre ne verra jamais le jour, en raison des troubles mentaux du sculpteur nordiste... dont Bedaux réglera les frais de psychiatrie à partir de 1928.

Depuis plusieurs années, Fern et Charles cherchaient à acquérir une propriété en France, afin d'y passer l'été et de se reposer d'une vie trépidante qui les menait chaque année de New York à Los Angeles, Londres, Paris, Berlin ou Rome. Il leur fallait évidemment un lieu correspondant à leurs moyens et digne d'accueillir les personnalités qu'ils fréquentaient. Dès le début de 1924, ils avaient commencé à explorer le marché. Selon un encart publié dans *L'Action française* du 25 janvier, ils semblent avoir d'abord prospecté l'ouest de la France : « On désire acheter en Bretagne un château ancien avec propriété d'au moins 300 hectares. Une chasse assez bonne sur la propriété est essentielle. Les agences sont priées de ne pas répondre. L'acheteur ne traitera qu'avec des propriétaires et toute offre sera traitée confidentiellement. Adr. : Bedaux, 17 Battery Place, New York, USA. » Ils pensèrent ensuite trouver leur bonheur en Savoie – où vivait Daniel Bedaux – ou sur la Côte d'Azur, qu'ils connaissaient pour y avoir séjourné chez des amis. C'est finalement en Touraine, plus proche de la capitale, que les nomades fortunés trouvèrent leur bonheur. Ils achetèrent pour la somme d'un million six cent mille francs – soit un peu plus de 64 000 dollars, ce qui était largement à leur portée – un lieu exceptionnel alliant espace et prestige : le château de Candé, sur la commune de Monts en Indre-et-Loire.

L'édifice avait été construit à partir de 1499 par François Briçonnet, maire de Tours et maître de la chambre aux deniers du roi chargée de régler les dépenses de bouche de la Maison du souverain. Le premier bâtiment fut un pavillon de style Renaissance, achevé en 1509. Il fut complété et agrandi par les propriétaires successifs, de même que le domaine fut stabilisé à

260 hectares à la fin du XVIIIe siècle. En 1853, Santiago Drake del Castillo, riche héritier d'un planteur cubain, se porta acquéreur de l'ensemble, transforma considérablement le château – le portant à une soixantaine de pièces – et géra au plus juste les exploitations agricoles en dépendant. Son fils Jacques prit la suite et porta haut la réputation du lieu, en y accrochant des tableaux de sa collection – Monet, Degas, etc. – et en y recevant généreusement les notabilités locales et nationales. Il était membre de plusieurs sociétés savantes de la région. Frère d'un botaniste de renom, Emmanuel, il bénéficia de ses conseils tant pour les embellissements que pour le développement agricole de Candé. Il planta des vignes sur la propriété, aida ses confrères à lutter et à se relever de la crise du phylloxéra, ce qui lui valut d'être porté à la vice-présidence des syndicats viticole et agricole du département. On le vit encore créer des fourneaux économiques et un restaurant bon marché qui servait quotidiennement 300 repas aux indigents de Tours. Il fut élu maire de Monts, conseiller général et député républicain progressiste, de 1883 à 1906[2]. Mort en 1918, Jacques Drake del Castillo laissa Candé à son fils Jean, qui eut moins de réussite que lui. Battu aux municipales de 1925, il quitta le château pour aller vivre à Cannes. Le domaine fut mis en vente.

Charles et Fern Bedaux furent immédiatement attirés par ces lieux qui devaient devenir leur havre français et, un jour, leur principal domicile. L'acte de vente – comprenant celle d'une partie du mobilier – fut

2. Il fut battu par le radical-socialiste René Besnard, qui sera plusieurs fois ministre entre 1911 et 1930.

signé le 23 juillet 1927. Si le prix d'acquisition était bas, les nouveaux propriétaires se lancèrent dans une campagne d'aménagements et de décoration. Candé devait devenir à la fois une demeure familiale et un point de chute agréable pour les amis, certes, mais aussi pour les grands clients des entreprises Bedaux. Pour le confort, on installa le chauffage central avec 60 tonnes de tuyaux dissimulés dans les murs, un nouveau système de distribution de l'eau par surpression[3], une installation électrique dernier cri et, fait exceptionnel pour l'époque, un central téléphonique de 80 lignes directement relié au central public de Tours (facture : 15000 dollars). Un vestibule reliant le château Renaissance à un pavillon postérieur fut remplacé par un escalier caché dans une tour. Des cuisines dignes d'un grand hôtel et des espaces communs pour les domestiques furent aménagés dans les sous-sols. Huit suites furent décorées et meublées dans le style Art déco, chacune avec sa salle de bains couverte de mosaïques et dotée d'une baignoire avec équipement américain de remplissage rapide (une à deux minutes), de porte-serviettes chauffants, parfois d'une cabine de douche. Fern Bedaux disposait d'une vaste garde-robe où l'attendaient ses tenues Molyneux, Chanel ou Schiaparelli. Un grand salon, une bibliothèque, une salle à manger avec une table de 26 couverts, des bureaux et quelques boudoirs meublés avec goût dans différents styles rendaient le rez-de-chaussée accueillant et commode, tandis qu'une salle de sport ultramoderne, un

3. La surpression, très gourmande en énergie, est privilégiée aux États-Unis, tandis que la France préfère la méthode gravitaire, fondée sur le principe naturel des vases communicants.

solarium et un bar dans une cave voûtée participaient à l'ambiance de détente pour les invités. Un orgue relié à une soufflerie électropneumatique sous les combles, dû à Ernest Martin Skinner, facteur très en vogue de Boston dont l'entreprise appliquait le système Bedaux d'organisation du travail, fut installé dans la bibliothèque et un piano Pleyel dans le grand salon. Le parc fut également l'objet de tous les soins du couple propriétaire, sous la baguette du paysagiste Louis Decorges, qui put y développer une de ses spécialités avec la conception d'un golf de 18 trous sur une surface d'une quinzaine d'hectares. Le parcours proprement dit fut confié à deux architectes mondialement connus, Charles Alison et Harry Colt. Quelques dépendances furent aménagées pour le logement de la domesticité, le stockage, l'installation d'une station de pompage.

Visitant les lieux pour le compte du *Chicago Tribune* quelques années plus tard, Lisbeth de Morrini se laissera abuser par l'aspect extérieur qu'elle qualifiera de « château médiéval ». Elle se dira stupéfaite par la beauté des intérieurs qu'elle jugera être une *lovely place* alliant « le glamour historique et le confort moderne ».

La seule inquiétude concernant la propriété était la proximité de la poudrerie du Ripault. Fondée en 1786, elle occupait plus d'une centaine d'hectares de la commune de Monts et touchait au domaine de Candé. Elle employait 250 ouvriers (6 000 pendant la Grande Guerre) à la production de la « poudre B », qui avait remplacé la poudre noire pour la propulsion des obus. Des accidents étaient toujours possibles, et il y en avait déjà eu un certain nombre. En 1925, une explosion avait endommagé les bâtiments et fait plusieurs victimes. En 1937, la production sera augmentée et, à la demande de l'État, Bedaux cédera des prairies pour l'agrandissement de la poudrerie. C'est le 18 octobre 1943 que Candé aura à subir les inconvénients d'un voisinage ce jour-là explosif : 74 morts et 350 blessés à la poudrerie, mais seulement quelques vitres du château soufflées[4].

Souvent absents pendant les travaux – dont le montant fut de 250000 à 300000 dollars, soit plus de quatre fois le prix d'achat –, les Bedaux prirent vraiment possession du domaine au début de 1929. Une trentaine de salariés avaient été embauchés, pour la cuisine, le service, le jardinage et l'entretien du golf. Une somptueuse fête fut donnée en août pour une pendaison de crémaillère géante à laquelle purent assister des journalistes français et américains. Pendant trois jours, près de 500 entrepreneurs, politiciens, diplomates et personnalités du spectacle participèrent à des pique-niques, une chasse, firent de l'équitation, du tennis et tout ce que les nouvelles installations permettaient.

On soupçonnera plus tard Bedaux d'avoir acheté Candé pour spéculer. En tout, le domaine lui avait coûté environ 350000 dollars et on l'estimait à 900000 après les travaux sur la bâtisse, les aménagements du parc et… le mariage Windsor. Le quotidien *Ce Soir* du 11 novembre 1937 prétendra qu'une star d'Hollywood viendrait bientôt remplacer les propriétaires. Un autre

4. La poudrerie a été fermée en 1959 et ses locaux repris deux ans plus tard par le CEA. Le reste de l'emprise est devenu une zone industrielle.

journal crut savoir que c'est le président de General Motors, William Knudsen, qui négociait une cession. Tous se trompaient : Charles était de retour au pays et n'avait nullement l'intention de se séparer du bijou que constituait le domaine. N'empêche que le fisc américain le poursuivra pour ce qui, finalement, n'était pas une spéculation, mais tout de même une fuite d'argent des États-Unis vers l'Europe. Pour cet investissement mi-personnel, mi-professionnel, l'administration lui réclamera environ 50 000 dollars qu'il ne paiera jamais… et dont le fisc reconnaîtra après sa mort que, tout bien considéré, il ne les devait pas.

8

Campagne de France

Alors qu'il s'installait au château de Candé, Bedaux annonça à la presse internationale qu'il entendait s'attaquer plus sérieusement que par le passé au marché de son pays natal. Sa filiale française ouvrit ses portes en octobre 1929. Le 5 août, *L'Écho de Paris* reprenait la nouvelle en une dans l'article précité sur « la prodigieuse aventure de Charles Bedaux ». Suivait la longue interview menée par Jean Delage. Après avoir brossé son invité dans le sens du poil, le journaliste regrettait en conclusion que l'« unité B. » eût été inventée aux États-Unis, tout en remarquant qu'elle était le fruit des travaux « d'un enfant de Charenton, presque de Paname ». La tonalité était la même outre-Atlantique où, par exemple, le 20 novembre 1929, le *Chicago Tribune* écrivait : « L'oncle d'Amérique, caractère que l'on retrouve dans les romans et les histoires françaises depuis une génération et plus, existe aujourd'hui dans la vraie vie [et c'est] Charles E. Bedaux. »

Le contexte français était favorable au développement de la méthode Bedaux. Les entrepreneurs du pays étaient à la recherche d'une meilleure productivité. L'État, qui avait créé des outils de suivi des progrès au sein de la comptabilité nationale – les « indices de productivité » – ou qui soutenait les premiers efforts de normalisation au sein d'une Commission générale de l'organisation scientifique du travail, s'y investissait aussi. La Société française Bedaux (SFB), au capital de 500 000 francs, fut créée pour s'insérer dans ce marché prometteur, avec son ami et désormais beau-frère Louis Duez – il avait épousé Eve, la sœur de Fern – comme principal dirigeant jusqu'à sa mort en janvier 1941 et comme ingénieur-conseil sur les grosses opérations Marcel Grolleau, un jeune homme que Charles avait pris sous son aile et qu'il considérait comme un second fils. Elle s'installa au 49 bis, avenue Hoche, avant de migrer un an plus tard au 39, avenue de Friedland, deux adresses prestigieuses reliées aux Champs-Élysées par la place de l'Étoile. Les nombreux encarts publicitaires publiés alors dans la presse mentionnaient que la SFB était compétente pour la France, la Belgique, le Luxembourg, la Suisse, l'Espagne, le Portugal, la Tunisie et le Maroc.

Après la Seconde Guerre mondiale, brossant un portrait de Bedaux, *La Presse* estimera qu'il n'était « ni Français ni Américain, mais un citoyen du monde [qui] organise la planète », sans savoir « que la planète va bientôt se scinder en deux ». La remarque n'est pas exagérée, même si elle jouit de l'avantage de connaître la suite du destin de Charles. Pour l'heure, il revenait en France sous les acclamations. Il faut croire que l'opération de conquête du marché français avait été aussi bien préparée que la campagne de presse. Sans vraiment révolutionner leur système, Bedaux et ses hommes avaient tenu compte des débats nationaux, autour du « fordisme social » réclamé par les syndicats, du besoin d'augmenter la productivité côté patronat et des incitations gouvernementales. Les contrats suivirent rapidement : 16 clients en 1931, 144 en 1937, 355 en 1939. Juste avant la guerre, 80 ingénieurs Bedaux opéraient en France sur ces différents fronts, malgré les difficultés survenues après l'avènement du Front populaire, dont nous aurons à parler plus loin. Leurs principaux clients étaient des sociétés minières, automobiles et ferroviaires, mais aucun secteur ne se passa de leurs services : textile, métallurgie, meubles, jusqu'au service des expéditions de La Samaritaine.

L'arrivée de la grande crise économique en Europe, commencée en 1929 aux États-Unis mais qui ne franchit l'Océan qu'un ou deux ans plus tard, favorisa ce développement : la baisse des prix et la contraction des marchés réclamaient une diminution drastique des coûts de production. La rationalisation était une nécessité et Bedaux savait y faire. Les méthodes « américaines » étaient plébiscitées. Mais on devait prendre la précaution de les appliquer « à la française », dans un cocktail de libéralisme, de socialisme et de cogestion. Que ce soit un Français d'origine qui s'en charge séduisait sans inquiéter *a priori*. D'ailleurs, le gouvernement salua la réussite passée et, espérait-il, future de ce presque compatriote. Par un décret du 8 février 1930, il fut nommé chevalier de la Légion d'honneur, au titre des étrangers résidant hors de France[1].

---

1. Les biographes américains de Bedaux écrivent généralement que c'est à titre posthume – donc après 1945 – qu'il fut nommé. Nous

Le gros contrat signé en 1930 avec la Compagnie des mines d'Anzin a fait l'objet de nombreuses études contemporaines comme postérieures. L'arrivée des ingénieurs de Bedaux fut une véritable révolution dans cette industrie où la division du travail était peu développée, tant en raison des conditions variables d'extraction que d'habitudes issues des conflits sociaux des décennies précédentes. Ajoutons-y que la dépression démographique consécutive à la Grande Guerre et la croissance de la demande rendaient les recrutements difficiles, en dépit de l'appel massif à la main-d'œuvre étrangère, alors essentiellement polonaise et italienne. En 1927, la direction de la Compagnie avait décidé de se lancer dans l'organisation scientifique du travail, mais sans « fordisme » comme on disait alors. Bedaux paraissait proposer un système plus humain, presque social. Il fut choisi dès son implantation dans l'Hexagone. Le morceau était de choix : 15 000 mineurs et 2 000 autres personnels répartis sur plusieurs dizaines de sites dont une vingtaine de fosses chacune composée de plusieurs puits. Les employés de Bedaux commencèrent par des études avant de former nombre d'ingénieurs de la Compagnie, sur la base du volontariat. La mise en œuvre du système fut progressive, de fin 1931 à mi-1934. Chacun s'attendait à ce que la nouvelle organisation du travail et des rémunérations rencontre un grand succès auprès des mineurs. Anciennement, ils étaient payés « à la berline », méthode injuste qui ne tenait pas

pouvons rectifier cette affirmation grâce à l'aide des services de la Grande Chancellerie de la Légion d'honneur.

compte des difficultés d'extraction mais était amortie par de petits arrangements avec les collègues ou les contremaîtres. On leur imposait désormais une méthode « incontestable » de rémunération, fondée sur le temps, l'effort et la fatigue. Cette formule s'annonçait plus équitable. On se mit pourtant à grogner dans les puits ; dans les bureaux aussi, où les ingénieurs formés et ceux qui ne l'étaient pas rivalisaient. Qui plus est, les salaires versés aux mineurs passaient d'un calcul collectif (le petit groupe de chaque berline) à une individualisation qui créait des dissensions.

Passant par-dessus ces objections, la méthode Bedaux montra son efficience pour la production : dans une thèse consacrée au « salaire des ouvriers dans les mines de charbon en France depuis 1900 » (1938), Maurice Borgeaud montre qu'en 1934, sur certaines fosses, on constatait une hausse de rendement de 15 %[2]. D'autres publications parlent de 35, voire de 50 % d'augmentation. Même lissés et plus justement répartis, les salaires quant à eux n'avaient guère bougé ou augmenté seulement à la marge, ce qui contredisait les promesses et la propagande interne de départ. Autre conséquence, qui allait rapidement avoir une grande importance, le taux de syndicalisation des mines d'Anzin et des établissements belges similaires, qui avaient aussi contracté avec Bedaux, explosa. La grogne restait encore sourde, mais la presse commençait à fureter. Reprenant l'antienne des cadences infernales, *La Tribune* du 17 février 1934

2. Sorte de surdoué, Borgeaud (1909-2006) soutint sa thèse en droit après avoir été élève à l'École normale supérieure. Il entra ensuite à Polytechnique et travailla dans la sidérurgie.

donna la parole à un mineur de Carvin : « La méthode Bedo [*sic*] ch'ti qui m'donne point l'temps de l'ouvrier d'mouquer sin nez avec ses doigts. » Les nuages apparaissaient dans le Nord.

La construction automobile et ses besoins annexes furent un autre succès de la filiale française de Bedaux, avec comme fleuron Renault, pour sa nouvelle usine de l'île Seguin, près de Paris, et les pneumatiques Goodrich, dans leur usine de Colombes. Pendant la Grande Guerre, ces industries avaient poussé loin la division du travail. Intérêt national oblige, la nécessité était de produire plus, sans se soucier du temps de travail et du confort des ouvriers et ouvrières. Le retour à la paix, la hausse de la demande, conséquence d'une baisse des prix des véhicules automobiles de 50 % en cinq ou sept ans, n'avaient pas modifié la situation, si bien que des grèves éclatèrent. Le patronat fit des concessions sur les salaires et nombre d'entreprises du secteur instaurèrent un système de *boni* tout en poussant encore un peu plus loin le « taylorisme » sur les chaînes de montage. Dans ce contexte, la méthode Bedaux offrait une solution idéale : le *cost killer*, comme on dirait aujourd'hui, appliquait aussi des primes en fonction des résultats individuels. La productivité pouvait augmenter sans investissements nouveaux. Le succès fut au rendez-vous sur le premier point au moins, tant chez le constructeur automobile que chez le fabricant de pneumatiques. Mais ici aussi, les questions sociale et salariale étaient de plus en plus hautement posées. Si Renault fut « la plus grande réussite du modernisme dans la France de l'entre-deux-guerres », comme l'écrira Jean-Louis Crémieux-Brilhac dans son étude sur la France de 1940, on n'en parlait pas moins de « bagne Renault », en raison des cadences ou des conditions de travail stressantes et en dépit d'une nette augmentation des salaires. Au même moment, Ernest Mattern, ingénieur chez Citroën, mettait au point un système de chronométrage avec des « points-minute » manifestement inspiré par la méthode Bedaux… dont le concurrent de Renault pourrait donc se passer. La mesure du travail humain était décidément à la mode.

Fils et frère de cheminots, Charles se donna beaucoup de mal pour accrocher à son tableau de chasse les chemins de fer de l'État, formés après le rachat de plusieurs compagnies privées et leur fusion avec les Chemins de fer de l'Ouest, nationalisés au début du siècle. La SFB se vit confier l'organisation des ateliers d'entretien et de réparation du matériel ferroviaire de La Garenne, dans l'Ouest parisien. À l'occasion de la négociation de ce contrat, Charles tissa des liens qui lui seront utiles à l'avenir avec le directeur général des Chemins de fer de l'État, Raoul Dautry. Ce polytechnicien, que l'on surnommait « le Napoléon du rail » en hommage à son action pendant et depuis la Grande Guerre, était très intéressé par les techniques d'évaluation mises en œuvre dans ses ateliers[3]. Il déclara en mars 1930 que les solutions proposées par Bedaux étaient « méthodiques, raisonnées et bienveillantes ». Toujours à la recherche

3. L'esplanade de la gare Montparnasse a été baptisée « place Raoul-Dautry ».

d'une meilleure organisation et d'économies, il poussa à leur instauration rapide, en même temps d'ailleurs qu'il développait une innovante politique socioculturelle dans l'entreprise. Grâce ne lui en fut pas rendue par les syndicats, qui empêchèrent les ingénieurs Bedaux d'entrer dans les locaux de La Garenne. Ils organisèrent ensuite d'imposantes manifestations dont *La Vie ouvrière* estima qu'elles faisaient entrer les cheminots « dans la bataille de classe permanente [...], sur le front de la lutte générale du prolétariat ». Un mouvement identique fut déclenché aux ateliers de Mulhouse, eux aussi visés par les réformes de Dautry.

Les Chemins de fer de l'État durent déclarer qu'ils renonçaient au système Bedaux, tout en continuant à le mettre en œuvre en sous-main. La chose sans les mots, en quelque sorte, méthode assez couramment utilisée, y compris depuis lors, par l'administration française. Quelque temps plus tard, Dautry se retira de la direction, sous les quolibets de *L'Humanité* qui le qualifia de « dégonflé », ce que l'intéressé ne pardonnera pas. Appelé à la présidence du Conseil comme conseiller technique de Pierre Laval[4], il eut les mains libres pour s'attaquer aux surcoûts des chemins de fer, mais aussi de l'aéronautique et de la Compagnie transatlantique. Les premiers virent leurs effectifs réduits de 12 %.

Aux chemins de fer comme dans les mines, en passant par la métallurgie ou le tissage, la méthode Bedaux faisait

4. Rappelons que Laval fut trois fois président du Conseil dans les années 1930, du 27 janvier 1931 au 13 janvier 1932, du 14 janvier au 19 février 1932 et du 7 juin 1935 au 23 janvier 1936.

ses preuves et commençait à susciter des remous, sans d'ailleurs que son patron s'en émeuve plus que de raison. Avec ou sans son patronyme, les royalties ne fléchissaient guère. À vrai dire, Charles avait d'autres projets. Ceux-ci n'avaient rien à voir avec ses entreprises, qui tournaient au demeurant comme des horloges. Il se sentait à présent pousser les ailes d'un aventurier d'un autre type. Ses jeux et rêves d'enfant pouvaient se réaliser.

9

La Croisière blanche

L'achat de Candé ne changea rien au caractère de Charles Bedaux : il ne tenait pas en place. S'il voyageait beaucoup pour ses sociétés, ses plaisirs n'étaient pas non plus casaniers. Il chassait aux États-Unis, au Canada, en Écosse, en Hongrie – il avait acquis le relais de Borsodivanka, à l'est de Budapest –, en France, au Moyen-Orient et en Afrique. Il se sentait aussi parfois une âme d'explorateur : « Je n'aime pas Monte-Carlo, je n'aime pas le bridge et le poker m'ennuie, j'adore explorer », déclara-t-il à un journaliste qui l'interrogeait sur sa bougeotte.

À l'automne 1926, il avait poussé jusqu'en Colombie-Britannique pour un raid à cheval, suivi d'un vol dans un petit avion jusqu'à Telegraph Creek. Alors uniquement peuplée d'Amérindiens, la bourgade accueillait une station de la ligne télégraphique New York-Londres passant par le détroit de Béring. La « promenade » s'était terminée par la descente du fleuve Stikine en canoë jusqu'aux confins de l'Alaska. En 1930, il organisa une expédition africaine originale et dangereuse : 24 000 km d'un parcours Mombasa-Alger-Casablanca à bord d'une

Buick Torpedo accompagnée de cinq camionnettes Ford, offertes par la marque et chaussées de pneus Goodrich. L'épopée dura cinq mois et fut commentée par la presse sportive mondiale. En 1932, il vogua de Tahiti aux Fidji et aux Samoa, avec retour par le Canada pour une chasse au grizzli en Alberta. L'année suivante fut celle d'un safari le long du fleuve Niger au printemps, et d'un voyage en Islande et aux Féroé à l'automne. De tels parcours n'auraient aujourd'hui droit qu'à des entrefilets, et encore. Il y a un peu moins d'un siècle, ils représentaient des aventures et souvent des exploits. Ils faisaient rêver le public et, pour les professionnels, servaient à tester les matériels ou la résistance des hommes. Non seulement on ne les critiquait pas – comme on n'y manquerait pas aujourd'hui –, mais on les suivait avec passion.

Lors de ces déplacements, Bedaux n'était pas qu'un curieux ou un chasseur. Dans le Grand Nord canadien, en Afrique et dans le Pacifique, il avait été ému par le spectacle de la pauvreté et des épidémies qui ravageaient les populations, surtout les enfants. À chaque fois, il était rentré à New York ou Candé avec l'intention de changer les choses, serinant ses relations, contactant les gouvernements concernés. En ces occasions, il mit probablement la main à la poche pour contribuer à des améliorations. On en sait peu sur ce point parce que, pour une fois, il n'organisa aucune publicité autour de ses bonnes actions. Sa tête fourmillant de projets, il entretint aussi son entourage de desseins tels la création d'une organisation mondiale de la santé avant l'heure, une implantation juive sur les bords du Niger (il en parla aux Rothschild en 1934), un train ou un pipe-line transsahariens, idées qui ne seront pas perdues. Dans une veine plus paternaliste mais néanmoins généreuse, après son raid africain, il invita pour un séjour à Paris les 18 porteurs et domestiques qui l'avaient accompagné depuis Mombasa.

En 1934, lors d'une conférence prononcée en Californie, en même temps qu'il déclara qu'à son avis le temps des guerres était terminé et que celui du bien-être était venu, il avoua que ses réflexions le poussaient de plus en plus vers la philosophie des affaires et de l'économie. Changer rien de moins que le monde ne lui paraissait pas hors de portée. Sa nouvelle marotte aboutira à la création de la théorie de l'« équivalisme », qui lui permettra de se revendiquer « humaniste international ».

Le patron des entreprises Bedaux était de moins en moins opérationnel, privilégiant les relations publiques de haut niveau, la réclame… et ses propres loisirs. Seuls les dossiers majeurs et la stratégie l'intéressaient. Il en avait tiré les conséquences au moment de la crise de 1929, dont il n'avait pas personnellement pâti, ne devant que peu de ses revenus aux placements boursiers. Pour subvenir à ses caprices, il souhaitait toutefois renforcer son système de royalties en filialisant au maximum ses entreprises. Il créa en 1932 deux grands pôles d'activités, l'un aux États-Unis, l'autre en Europe.

À New York, au 62e étage du Chrysler Building, sous la direction d'Albert Ramond, la Charles E. Bedaux Company gérera trois entités régionales américaines (Illinois, Oregon, Californie) elles-mêmes divisées en petites unités dans lesquelles il n'était pas majoritaire

– une sorte de « franchise ». Son fils Charles-Émile rejoignit d'ailleurs la structure centrale pour apprendre le métier et accompagner son développement. La liste des clients américains ne cessait de s'allonger, avec par exemple Perfect Circle Company (Indiana), Blackbird Laundry (Californie), General Electric (Massachusetts), des usines textiles de la côte Est, plusieurs studios d'Hollywood sur la côte Ouest.

Parallèlement, Charles fonda à Amsterdam la Bedaux International, dont Fern et lui détenaient 100 %. Cette holding européenne devait gérer les filiales non américaines sur le même schéma qu'outre-Atlantique, avec notamment Australian Bedaux (Sydney), E. Bedaux Company (Londres), Deutsche Bedaux Gesellschaft (Berlin), Nordisk Bedaux (Stockholm), Socièta Italiana Bedaux (Rome) et la Société française Bedaux (Paris). Les dividendes et les royalties devraient suffire au bonheur du fondateur – ils flirtaient chaque année avec le million de dollars. La fiscalité batave était très favorable et les avoirs à l'abri dans un pays neutre, sans ennemis internationaux et presque sans armée. À la tête du groupe européen, il nomma une femme, Alexandra Ter Hart. D'origine polonaise, cette polyglotte experte en droit et en finances était mariée à un décorateur hollandais dont elle avait pris la nationalité[1]. Elle était surtout chargée de faire remonter les profits à Amsterdam, de créer des filiales jusqu'en Afrique du Sud et, probablement, de couvrir quelques manipulations financières. Cette fondée de pouvoir allait s'avérer

1. Elle était née en 1902, en Pologne. Son nom de jeune fille était Lubowski.

efficace et productive pendant toutes les années 1930. Bedaux annonça sa nomination aux cadres de ses entreprises lors d'un séminaire au château de Candé, juste avant de partir pour sa croisière dans le Pacifique.

Depuis son équipée en Colombie-Britannique, Charles ruminait un projet grandiose de raid dans ce territoire largement inexploré. Il voulait en faire un événement international, comme les grandes croisières Citroën des années 1920, au Sahara (1922, « Croisière des Sables »), en Afrique (1925, « Croisière noire ») et en Asie (1931, « Croisière jaune »). Il en parla à André Citroën dont la société fabriquait les meilleurs véhicules à chenillettes du marché. L'industriel fut enthousiasmé par l'idée et promit d'y participer, moyennant un maximum de publicité. Sa situation était en effet préoccupante, en raison de la crise économique, et il allait jouer son va-tout avec le prochain lancement de sa révolutionnaire Traction, pari qui sera réussi. Cinq véhicules de type P 17 furent cédés à bas prix à l'expédition, les autres frais restant à la charge de l'organisateur. On se serra la main devant les photographes, en compagnie d'Adolphe Kégresse, l'inventeur de la chenillette, devant la cascade du bois de Boulogne[2]. En avant pour le Grand Nord !

Bedaux lança les premières reconnaissances par avion et engagea des bûcherons pour élargir les rares pistes existantes. Il recruta sur place des guides et des mécaniciens.

2. Kégresse était l'ancien responsable du parc automobile de l'empereur de Russie Nicolas II. Citroën l'avait embauché après la révolution. Il avait mis au point le premier véhicule à chenillettes pour le tsar en 1910. Citroën lui avait acheté son brevet et l'avait employé pour perfectionner son invention, avec l'aide de l'ingénieur Jacques Hinstin.

Ils étaient encadrés par Charles Balourdet, qui avait suivi les croisières Citroën. Un cameraman et un opérateur radio furent inclus dans l'équipe. Le premier était Floyd Crosby, qui sera chef opérateur d'une centaine de films hollywoodiens et obtiendra un Oscar. L'expédition se devait en effet d'avoir un retentissement mondial, voire tenir le public en haleine par des communiqués quotidiens. Fin 1933, après s'être fait longtemps tiré l'oreille, le gouvernement canadien l'autorisa, à condition qu'elle soit non commerciale, sous-entendu qu'elle ne soit pas l'occasion de chercher des filons aurifères. Charles le certifia sans discussion : il n'avait que des ambitions scientifiques, à savoir reconnaître et cartographier une région sur laquelle – il y a seulement quatre-vingt-dix ans ! – on ne savait pas grand-chose, avec comme désir indirect d'aider les populations autochtones que l'on paierait pour le moindre service rendu.

Trente personnes, dont Charles et Fern, dans les cinq P 17, appuyés par une caravane de six bûcherons et hommes de peine conduisant 75 chevaux, devaient parcourir 1 170 km d'Edmonton à Telegraph Creek, en passant à travers les Rocheuses sur les quatre cinquièmes du parcours. On n'avait pas oublié d'engager un cuisinier, Tommy Wilde, et deux aides, qui emportaient avec eux de la nourriture… et quelques caisses de champagne. Le nom officiel du raid était *Bedaux Sub-Arctic Expedition* ou, en français, « Croisière Bedaux », mais très vite, par référence aux événements passés organisés par Citroën, la presse la baptisa la « Croisière blanche ».

Le convoi quitta Edmonton le 6 juillet 1934, après que l'équipe se fut entraînée physiquement à Jasper, en Alberta. Dès l'abordage des Rocheuses, les choses se gâtèrent. Les pluies diluviennes entraînèrent des glissements de terrain et les pistes furent plusieurs fois coupées. Hommes, véhicules et chevaux étaient déjà soumis à un régime infernal. Quoi qu'il en soit, les 600 premiers kilomètres, jusqu'à Fort Saint-John, furent avalés en dix jours. Après un nécessaire repos, on repartit, à nouveau plein d'allant. Mais le 11 août, lors de la traversée de la rivière Halfway, deux auto-chenilles furent emportées par le courant. Deux jours plus tard, on perdit le contrôle du radeau qui en transportait une troisième. Bedaux décida d'abandonner les deux dernières et de poursuivre à cheval. Après que la troupe eut été dévorée par les moustiques et trempée par des averses torrentielles, la neige se mit à tomber. Plusieurs chevaux moururent d'épuisement, si bien que, début septembre, il fallut se rendre à l'évidence : la sagesse commandait d'en rester là. Tout le monde était épuisé. La croisière, qui ne s'amusait plus, fit demi-tour, embarqua dès que possible dans un train de la Canadian Pacific et fut de retour à Edmonton le 23 octobre 1934.

L'échec était patent, probablement parce que la barre avait été placée trop haut pour des femmes et des hommes qui, au fond, n'étaient que des explorateurs amateurs. Une partie de la presse se moqua du milliardaire aventurier, jusqu'à baptiser l'expédition *The Champagne Safari*. Elle fut d'ailleurs mise en scène sous ce titre soixante ans plus tard par le réalisateur canadien George Ungar, s'amusant de ces femmes du monde choisissant leur toilette chaque matin et refusant de se lever avant 9 heures, des mimiques de l'organisateur obligé de salir ses beaux souliers dans la neige ou la boue, du champagne qui coulait à flots. C'était le premier échec public de Charles Bedaux. Il lui avait coûté la bagatelle de 250 000 dollars. Évidemment, le film de Crosby ne fut jamais monté. De belles photos furent en revanche diffusées, montrant hommes et montures luttant contre les éléments, Bedaux en chemise à carreaux et pantalon de velours, hirsute et avec une barbe de trois jours.

Relevons encore, pour la partie croustillante de l'histoire que, quelle que soit la destination, Fern participait toujours aux voyages de son époux, tout en tolérant qu'il fût accompagné par ses maîtresses. C'est ainsi que la comtesse italienne Bilonha Chiesa crapahuta avec eux dans les Rocheuses (« heureusement », son mari s'était cassé la jambe juste avant le départ) et que, plus tard, la jeune Marian Booth fut d'un voyage en URSS. D'autres furent des compagnes provisoires lors des traversées transatlantiques entre l'Angleterre et les États-Unis, dans les différents bureaux et lieux de séjour, d'autres encore des flirts prolongés, comme la journaliste et dramaturge Clare Boothe, qui épousera Henry Luce, le magnat de la presse américaine en 1935. Mme Bedaux ne s'en formalisait pas. Elle se comportait en amie avec les intruses et faisait même aménager une belle chambre à l'étage pour celles qui venaient passer quelques jours à Candé. Elle laissa encore une idylle se dérouler sous ses yeux avec sa femme de chambre, Joséphine Daly, au château comme dans les Rocheuses !

Ne s'avouant pas vaincu après l'échec de la Croisière blanche, Charles annonça sans attendre une nouvelle expédition pour 1937. Elle n'aura pas lieu. Au moins eut-il la satisfaction d'apprendre que, sur décision du gouvernement de la Colombie-Britannique, son nom figurerait sur les cartes des Rocheuses, avec le mont Bedaux, qui culmine à 2300 m d'altitude dans le district de Peace River, et le passage Bedaux, qui permet de franchir la rivière Muskwa, dans le nord de la province, juste à côté… du lac Fern.

10

1936

Charles Bedaux restait plein de ressources et d'idées. L'aventure ratée n'avait guère atteint son image auprès d'une presse souvent complice et, malgré quelques mouvements syndicaux hostiles, ses entreprises tournaient à plein régime. Il bénéficiait d'un tel renom que les hommes politiques des deux côtés de l'Atlantique ne répugnaient pas à le recevoir ou à lui demander conseil. Ainsi, Pierre Laval le voyait souvent et Winston Churchill l'invita sur son yacht en 1936. Toujours en mouvement, il étudiait avec attention les informations et inventions qui pourraient le motiver, peut-être pourrait-on dire le désennuyer.

C'est ainsi qu'au début de 1935, il présenta un nouveau modèle de caméra, avec un moteur électrique et un compteur d'images, permettant de réaliser des prises de vues à vitesse constante. Des ingénieurs des laboratoires Kodak l'avaient mis au point sur son idée. Pour simplifier, le promoteur du travail chronométré venait de dispenser les réalisateurs d'avoir un chronomètre en main lorsqu'ils filmaient leurs scènes. Qui plus est, chargée de 300 m de pellicule, sa caméra pouvait produire seize minutes d'images. L'inconvénient de l'invention était que la caméra était une 8 mm, alors que le cinéma travaillait en 35 mm. Qu'à cela ne tienne, si l'industrie cinématographique n'en voulait pas, elle serait utile à d'autres fins. Et pourquoi ne pas s'en servir pour observer les gestes au travail, sorte de prolongement illustré du « système B. » ? L'idée avait déjà été testée au début du siècle par Frank Bunker Gilbreth, mais avec un matériel moins perfectionné. Les essais qui furent réalisés sur des golfeurs et des boxeurs furent concluants. Ce fut donc au tour des ouvriers de concourir à l'expérience, pour l'analyse et le découpage de leurs tâches.

Bedaux choisit le milieu industriel italien pour tester ce nouveau produit. Sa filiale transalpine œuvrait notamment pour Fiat et d'importantes verreries. Il pensait n'avoir aucune difficulté à convaincre ses clients de le laisser opérer. Il se heurta en revanche à l'opposition du gouvernement fasciste, qui interdit tout essai. Pour Mussolini et son entourage, les travailleurs n'étaient pas des cobayes et ne devaient être stimulés que par leurs propres capacités. Une campagne de presse agressive fut commanditée pour discréditer non seulement l'emploi de la caméra, mais toute l'organisation scientifique du travail, de tout temps bête noire des fascistes. Dans son édition du 3 juillet 1929, le journal *Lavora Fascista* avait déjà accusé le « système B. » de rogner sur le salaire ouvrier, alors même qu'il promettait l'inverse. Les fascistes pouvaient donc dire : il y a longtemps que nous avions mis en garde, et, désormais, grâce au gouvernement du Duce, nous arrêtons le recours antisocial à l'OST en stoppant Bedaux. La bataille juridique qui s'engagea fut un échec pour Charles qui, dépité, abandonna son projet. C'était la seconde fois que sa méthode et ses dérivés se voyaient barrer la route à si haut niveau. L'année précédente, c'était le gouvernement allemand, dirigé depuis janvier 1933 par Adolf Hitler, qui non seulement avait critiqué le « système B. », mais avait fermé les filiales de Charles outre-Rhin. Prétendant tirer leur doctrine du socialisme, les nazis comme les fascistes se posaient en protecteurs du monde ouvrier. Ils ne refusaient en réalité ni l'organisation ni la rationalisation du travail, mais ils souhaitaient maîtriser les voies pour y parvenir.

Après l'échec italien, qui remettait en cause ses activités dans la Péninsule, Bedaux et Fern allèrent se reposer à Londres où une nouvelle idée de raid lointain germa. Profitant d'une visite des sites de production de l'Anglo-Iranian Oil Company – devenue depuis British Petroleum en 1954 –, un de ses clients britanniques, ils partirent pour l'Iran, y passèrent quelques jours et prirent la route... du Tibet, à cheval et en automobile, traversant l'Afghanistan et une partie de l'Inde. Pendant plusieurs semaines, ils visitèrent des monastères, des hôpitaux, des villages. On les vit dans la vallée de Niti, au mont Kailash, au mont Gurla Mandhata, autant d'endroits qui ne recevaient quasiment jamais d'étrangers. Puis vinrent la Chine, le Japon et la Colombie-Britannique, déjà bien connue de ces insatiables voyageurs. Ils y retrouvèrent Herman et Katherine Rogers, un couple ami, et finirent le périple en Californie. Quelques semaines plus tard, les Bedaux embarquaient pour l'Union soviétique, vers le troisième totalitarisme en passe de submerger l'Europe.

Au pays de Staline, la propagande faisait grand cas des exploits d'Alekseï Stakhanov. Ce mineur du Donbass venait, disait-on, de battre tous les records d'extraction avec 102 tonnes en vingt-quatre heures, pour une norme habituelle de 7 tonnes. Un vrai Hercule minier ! La *Pravda* n'avait pas manqué de signaler que c'était la motivation « socialiste » et non le taylorisme ou le système Bedaux (nommément cité par l'organe officiel du Parti communiste d'Union soviétique) qui avait permis cet exploit. On donna une prime de 200 roubles à l'intéressé (huit mois de salaire), des décorations à lui couvrir le bleu de travail et l'accès aux meilleures écoles de formation. On théorisa même ce type de motivation au service de la collectivité sous le nom de « stakhanovisme ». Le monde entier s'y laissa prendre, y compris *Time Magazine*, qui mit la photo du mineur en couverture. On a su depuis qu'il s'agissait d'un mensonge concocté dans les laboratoires de l'Institut du travail de Moscou. Le record avait été réalisé dans des conditions telles qu'il ne pouvait qu'être établi : dispense de l'obligation d'étayer la galerie exploitée, aide de deux camarades et, pour faire bonne mesure, exagération finale des résultats. Mais, fin 1935, rien n'avait filtré de la supercherie. Et puisqu'on l'avait personnellement provoqué, Bedaux voulait aller voir sur place. Il fut accueilli en grande pompe à Moscou, le 5 janvier 1936.

Les autorités soviétiques lui avaient préparé un programme de six semaines sur mesure, avec les meilleurs hôtels, des visites d'usines ultramodernes jusqu'en Ukraine, de pharaoniques chantiers autoroutiers (souvent réservés aux prisonniers du goulag). Un voyage Potemkine à la sauce Intourist, l'agence spécialisée. Il ne rencontra ni Stakhanov ni aucun haut dignitaire, mais eut l'imprudence de contester trop ouvertement les résultats qu'on lui présentait, de refaire des calculs et d'avoir à cœur de démontrer que, quoi qu'en disent les ingénieurs de Staline, sa méthode donnerait de meilleurs résultats. Il ne cacha pas non plus ses doutes sur la réalité du stakhanovisme et de ses prétendus 300 % de hausse de production. Il lui arriva enfin de semer son escorte pour se promener seul dans des lieux où les étrangers n'avaient pas l'autorisation d'aller. En un mot, son comportement le rendit désagréable à ses hôtes, et bientôt indésirable. Finalement pris en main par l'ambassade des États-Unis, Fern et lui quittèrent Moscou pour la Pologne le 18 février. De retour à Candé mi-mars, Charles rédigea un témoignage sur son voyage qu'il diffusa à plusieurs centaines de chefs d'entreprises et de syndicalistes américains ou européens. Il leur annonçait le caractère frauduleux du stakhanovisme et affirmait que le système soviétique était une terrible tyrannie. Selon lui, le marxisme devait être définitivement rejeté.

Par ce voyage et ses déclarations postérieures, Bedaux venait de se mettre à dos le Parti communiste de France[1]. Déjà hostile à sa méthode, il avait désormais un prétexte presque intime de s'en prendre à lui. On ne pouvait pas impunément critiquer ainsi le camarade Staline, dont

1. Son appellation officielle était alors PC-SFIC (Parti communiste-Section française de l'Internationale communiste). Il ne deviendra Parti communiste français qu'en 1943.

on ignorait alors largement les mensonges et les crimes, quand on ne les couvrait pas. *L'Humanité* déclara donc la guerre à cet « adversaire de classe ». Octave Rabaté, ancien secrétaire général de la Fédération des métaux et proche de Jacques Duclos, reprit par exemple le combat contre le « système B. » qu'il avait mené du temps de sa carrière syndicale. Comme l'écrira Jules Teulade dans *L'Émancipation nationale* du 19 novembre 1937, il dénigrait à Paris ce qu'il acceptait à Moscou : « Fais ce que je dis ici, mais pas là, telle était la devise de Moscou, telle elle reste[2]. »

Deux mois après le retour des Bedaux en France, le Front populaire remporta les élections du 3 mai 1936. Trois semaines encore et la France fut bloquée par les grèves. Celles des mines d'Anzin furent particulièrement suivies, dès le 4 juin, avec pour cible les revendications générales, sur les salaires et autres questions récurrentes, mais aussi spécialement contre le « système B. ». Trois jours plus tard, alors que le président du Conseil, Léon Blum, ouvrait des négociations générales entre les employeurs et les syndicats, la direction des mines concéda 12 % d'augmentation à ses employés, une échelle des salaires unique et le retour du travail en équipe. Dans les jours suivants, les grèves et lock-out se poursuivant, d'autres avancées furent enregistrées. Autant dire que la méthode Bedaux avait du plomb dans l'aile sur un de ses plus gros contrats.

2. L'hebdomadaire *L'Émancipation nationale*, communiste au départ, était devenu un des organes du Parti populaire français de Jacques Doriot. Lui aussi ancien membre du PC, Teulade virera à la collaboration et sera condamné à la Libération.

Au niveau national, les discussions aboutirent aux accords de Matignon, dans la nuit du 7 au 8 juin. Imposés par Blum au patronat, qui opérait alors en ordre dispersé, ils avaient été « négociés » par quatre représentants d'organisations patronales[3] et six syndicalistes, tous proches de la CGT et emmenés par Léon Jouhaux. Pendant la négociation, on avait brièvement fait appel à... Charles Bedaux, intégré au groupe des conseillers des patrons et dont le système était contesté sur de nombreux sites. Souvent qualifié de « médiateur » par ses biographes, il fut en réalité un quasi-accusé. Une convention du 8 juin, annexée aux accords, entérina la fin du chronométrage et du déclassement brutal des personnels à raison de leur rendement insuffisant, sauf accord collectif évidemment difficile à obtenir. Plus tard dans le mois, Charles accompagna Maurice Thorez, le secrétaire général du PC, dans plusieurs visites d'usines en grève. Malgré ce Canossa, une spirale d'ennuis venait de s'enclencher qui allait beaucoup écorner sa réputation, un peu moins ses revenus.

À la même époque, de l'autre côté de l'Atlantique, sortait dans les salles *Modern Times*, le chef-d'œuvre de Charlie Chaplin. Cette satire du travail à la chaîne et du taylorisme s'ouvrait par les images d'une horloge et de son angoissante trotteuse. Cette métaphore du chronométrage et plusieurs scènes du film visaient incontestablement le « système B. ». Le personnage de

3. La Confédération générale de la production française (représentée par Duchemin), l'Union des industries métallurgiques et mécaniques (Richemond), la chambre de commerce de Paris (Dalbouze) et le Comité des forges (Lambert-Ribot).

M. Billows apparaissant sur un écran chaque fois qu'un employé perdait du temps, y compris aux toilettes, a souvent été présenté – mais pas à notre connaissance par Chaplin – comme une caricature de Bedaux. Comme lui, Billows surveillait, calculait, soumettait, aliénait et, pour tout dire, créait une vie infernale pour l'ouvrier. Informé de la comparaison, Charles s'en montra presque flatté, par admiration pour Chaplin qu'il avait parfois croisé, en dépit du fait que *Les Temps modernes* furent une arme redoutable pour la lutte contre l'OST, jugée toxique à force d'être machinale.

11

À la conquête des Windsor

Nous avons commencé notre itinéraire par le mariage des Windsor au château de Candé, événement qui fit passer Bedaux de la reconnaissance par les milieux économiques et mondains à une notoriété encore plus vaste. Compte tenu de ce que l'on a découvert depuis sur les préférences politiques de l'ex-roi Edward VIII, on a beaucoup glosé sur le rôle que tint notre personnage dans cette dérive. En clair, on l'a accusé d'avoir été un espion manipulateur au service du IIIe Reich, en échange d'avantages pour ses affaires en Allemagne et, peut-être, par affinité idéologique avec le national-socialisme. On pouvait ainsi détourner l'attention des turpitudes du couple Windsor en invoquant un piège tendu par le Franco-Américain, comme si les sympathies de l'ex-roi pour les régimes totalitaires de l'Ouest européen étaient une exagération. Nous creuserons bien sûr ces hypothèses, mais seulement après avoir rappelé les circonstances de la rencontre des Bedaux avec le couple ducal.

Leurs liens initiaux passent par deux enfants gâtés américains : les frères Edmund et Herman Rogers.

Ils étaient les fils d'Archibald Rogers, dit « le colonel Rogers », qui, fortune faite à la fin du XIXe siècle dans la construction des réseaux ferroviaires, était devenu un des membres les plus flamboyants de la jet-set new-yorkaise. Il avait entraîné sa nombreuse progéniture[1] dans des voyages d'exploration, de brillantes parties de chasse ou de pêche et la pratique intensive du golf. Il était mort en 1928, laissant à ses héritiers 3 millions de dollars et le célèbre domaine de Crumwold, sorte de château néo-médiéval de 74 pièces à Hyde Park, non loin de New York. Le voisin le plus célèbre de la propriété était le futur président Franklin Roosevelt, qui fréquenta donc les enfants Rogers dans sa jeunesse et garda pour eux de l'affection.

Diplômé de Yale, Edmund était banquier à New York et conseillait Bedaux. Il avait participé au premier raid en Colombie-Britannique. Ingénieur formé au Massachusetts Institute of Technology, Herman avait pris des distances avec sa profession au milieu des années 1920 pour se consacrer à son tour aux explorations et à la défense de la nature, avec comme lieu de repos une somptueuse villa baptisée « Lou Viei », près de Cannes. Il s'était marié avec Katherine Moore, fille d'un notable de Colorado Springs, elle-même divorcée de l'officier de marine Ernest Bigelow. C'est à l'époque de cette première union qu'elle rencontra Wallis Warfield, alors mariée à Win Spencer, pilote de l'US Navy. On aura bien sûr reconnu la future duchesse

1. Archibald eut huit enfants : Archibald junior (1881-1889), Edmund (1882-1966), Robert (1883-1884), William (1885-1954), Rae (1887-1935), Ellen (1889-1965), Herman (1891-1957) et Ann (1894-1983).

de Windsor. Wallis et Katherine se lièrent, et encore plus après s'être croisées par hasard en Chine, ce qu'elles considérèrent comme un présage de profonde amitié. Divorcée de Spencer en 1927, Wallis épousa peu après Ernest Simpson, non sans collectionner les amants avant et après cette seconde union. Et parmi eux le comte Ciano, rencontré à Shanghai en 1927, qui deviendra le gendre de Mussolini et son ministre des Affaires étrangères.

Grâce à Edmund, Herman et Katherine Rogers firent connaissance des Bedaux, les rejoignant dans leurs voyages, les accueillant à Cannes ou les visitant à Candé. Quant à Wallis, elle avait poursuivi sa vie mondaine et séduit rien de moins que David, prince de Galles, fils du roi d'Angleterre et autres contrées, abordé lors d'une soirée à l'automne 1929. Une véritable passion finit par habiter le presque quadragénaire, qui avait jusque-là collectionné les conquêtes féminines et les expériences peu compatibles avec celles d'un héritier du trône. Avec cette nouvelle maîtresse, il conçut cette fois un projet de mariage. Jouant le jeu, Wallis entama une procédure de séparation de son deuxième mari, avec audience préliminaire du divorce le 27 octobre 1936 devant un juge du Suffolk. Compte tenu de la morale aristocratique du temps et des règles de la Cour, une telle union était pourtant impossible : le futur roi ne pouvait épouser une double divorcée, qui plus est toujours aussi volage, ainsi que l'avaient établi les services secrets britanniques qui le suivaient pas à pas ainsi que sa dulcinée.

La surveillance avait été lancée, avec l'accord du gouvernement, par George V en personne, inquiet de voir son fils se comporter en adolescent attardé et ne pas surveiller ses fréquentations. Sous la direction du commissaire Albert Canning, de la Special Branch de Scotland Yard, un vaste système (illégal) d'écoutes, de filatures et d'interceptions de courriers avait été mis en place. Il avait permis de découvrir la liaison de l'héritier avec son Américaine et le déséquilibre de leur relation. David consentait des folies pour plaire à Wallis, avec pas moins de 100 000 livres de bijoux offerts (entre 6 et 7 millions d'euros aujourd'hui) et le versement d'une pension annuelle de 6 000 livres. Parallèlement, la dame n'en menait pas moins une vie toujours aussi libre… à l'insu évidemment de son grand amoureux. Elle entretint ainsi des liaisons avec un riche marchand de véhicules d'occasion, Guy Martin-Truddle, ou l'hôte de « Lou Viei », Herman Rogers, époux de sa meilleure amie.

Un autre motif d'inquiétude gagna l'*Establishment*. David vivait dans la nostalgie de l'Europe des royautés et des cours d'avant 1914. Il ne cachait pas non plus ses sympathies pour l'idéologie et la poigne hitlériennes. Arrivé au pouvoir en Allemagne au début de 1933, Hitler était soutenu par nombre des lointains cousins des monarques anglais, Saxe-Cobourg ou Hohenlohe. En Angleterre, le prince fréquentait plus que de raison le chef fasciste Oswald Mosley, si bien que l'ambassadeur allemand Leopold von Hoesch l'avait recommandé à son gouvernement comme favorablement disposé envers la « Nouvelle Allemagne ». Qui plus est, Wallis recevait chez elle le successeur de Hoesch, Joachim von Ribbentrop. On n'a jamais pu formellement prouver, malgré un sérieux faisceau d'indices, qu'elle ait cédé à ses avances, mais il est établi qu'ils échangèrent une correspondance après le début de la Seconde Guerre mondiale. Rendant compte de la partie avouable de ces relations à Hitler, Ribbentrop insistait sur la faveur dont jouissaient l'Allemagne et son gouvernement dans l'esprit du futur roi, ajoutant qu'il était convaincu de son antisémitisme.

Downing Street s'inquiéta plus encore lorsque, le 20 janvier 1936, George V rendit son dernier soupir. Le roi était mort et vive le roi ! David monta sur le trône sous le nom d'Edward VIII. L'enjeu de ses amours et de ses relations sulfureuses changeait de niveau : on passait de la brouille entre le feu roi et son successeur à une sensible affaire d'État. Non seulement le Premier ministre Baldwin ne mit pas fin à la surveillance, mais il ordonna qu'elle soit étendue à l'ensemble de la famille royale, ce qui aurait provoqué un immense scandale en devenant public. On garda le secret comme un des plus sensibles du royaume pendant près de soixante-dix ans. Après Scotland Yard, le MI5, service du contre-espionnage, entra dans la boucle de surveillance, avec l'agent Tar Robertson aux commandes d'une petite équipe. De même, le Premier ministre obtint que les journaux ne parlent jamais de la liaison avec Wallis qui avait fini par fuiter, ce qui n'était pas moins contraire à la sacro-sainte liberté de la presse en Angleterre. Rien ne sera publié jusqu'en novembre 1936. L'accord ne concernait pas la presse étrangère, qui commença à se faire l'écho de la romance. Ainsi, le 8 juin 1936, rendant compte d'une soirée mondaine, le magazine américain *Time* insista lourdement sur la proximité des deux amants, avec une mention presque explicite : « Mrs Simpson est connue pour être la partenaire de danse préférée du roi. » Les lecteurs avertis comprirent que le couple ne pratiquait pas que la valse et le fox-trot.

Le règne d'Edward VIII dura trois cent vingt-six jours et fut marqué par ses caprices, ses escapades pour rejoindre Wallis et, toujours, ses sympathies sulfureuses pour les formes autoritaires de gouvernement, prolongées par l'intention à peine dissimulée d'augmenter son pouvoir. Il ne se donnait même pas la peine de cacher sa proximité avec tous ceux qui, dans le royaume, admiraient Mussolini et Hitler, à l'instar du gouverneur de la Banque d'Angleterre Montagu Norman, ou des Lords Londonderry (un temps ministre de l'Air) et Halifax (futur ministre des Affaires étrangères et concurrent de Churchill au poste de Premier ministre en 1940). Les rapports les plus pessimistes évoquaient l'existence d'un « parti du roi » soupçonné de préparer un coup d'État antiparlementaire. Londres menait certes une imprudente politique d'apaisement avec l'Allemagne, essentiellement par méfiance envers la France, mais pas au point de se rapprocher aveuglément des nazis.

Baldwin comprit qu'il fallait soit raisonner le monarque, soit le conduire vers la sortie. Dénué de tout sens des questions diplomatiques, le roi n'avait cure des avertissements qui lui étaient prodigués. Le prétexte à sa mise à l'écart fut facilement puisé dans son comportement personnel. Sans prévenir personne ou presque, il confirma son insouciance en quittant le Royaume-Uni pour deux mois de croisière avec Mrs Simpson en Méditerranée, du

15 juillet au 15 septembre 1936, ce que l'historien Éric Branca appelle « une désertion du service de l'État ». Plus tard, au château de Balmoral, Edward alla encore plus loin, faisant de Wallis la maîtresse de maison lors d'un séjour en famille, au grand scandale de la reine mère, des princes et princesses présents. Ces dernières boycottèrent ostensiblement l'intruse dont le roi prit fermement la défense devant elles.

La presse commençait enfin à s'inquiéter de cette désinvolture, à l'exception des journaux germanophiles qui ne voyaient rien de mal aux ingérences du roi dans la politique active, comme le *Daily Mirror* et le *Daily Mail*, dont le propriétaire, Lord Rothermere, avait accroché un portrait d'Hitler dans son bureau. À la fin de l'automne, la liaison avec Wallis fut dévoilée, sans qu'on puisse jurer que le Premier ministre n'y ait pas été pour quelque chose. Enfin, courant novembre, le roi annonça à ce dernier que sa maîtresse avait demandé le divorce et qu'il entendait bien faire d'elle une reine, dès que possible. La manœuvre devant conduire à l'abdication fut lancée. Les causes en seraient les amours royales et le respect des traditions, ce qui vaudrait mieux qu'accuser le monarque de projets et d'amitiés politiques dangereux.

En attendant son divorce, Wallis partit se mettre à l'abri à « Lou Viei » où les Rogers l'accueillirent à bras ouverts. On connaît la suite, du barrage au mariage de Baldwin à la décision d'Edward VIII d'abdiquer, le 10 décembre 1936. George VI devint roi et le démissionnaire duc de Windsor, avec une pension de 25 000 livres par an et 20000 livres de revenus du duché de Lancastre et de Cornouailles.

Près de Cannes, Mrs Simpson était désespérée : non seulement elle ne serait pas reine, mais, en sus, elle devait épouser un homme qu'au fond elle n'aimait pas au point de tout lui sacrifier. Mais elle non plus ne pouvait plus reculer. Son troisième mariage se devrait d'être plus réussi que les deux premiers.

Pour éviter qu'Ernest Simpson ne profite d'une réunion prématurée des amants dans la procédure de divorce, Edward partit seul en vacances, chez Eugène et Jeanne de Rothschild, au château autrichien d'Enzesfeld. Il y resta plusieurs semaines, skiant tout son saoul mais trouvant tout de même le temps d'un entretien privé avec l'ambassadeur allemand à Vienne, Franz von Papen. De son côté, Wallis rongeait son frein sur la Côte d'Azur, harcelée par les journalistes et les photographes. Il fallait l'exfiltrer et lui permettre d'attendre plus sereinement qu'elle soit libre, dans un lieu moins exposé.

Immédiatement après l'abdication, Katherine Rogers avait écrit à Fern Bedaux pour l'informer de la présence chez elle de cette invitée particulière. À l'issue d'un échange épistolaire intense entre les deux femmes au cours duquel Katherine suggéra que Candé serait plus adapté à la situation de Mrs Simpson, c'est Charles Bedaux qui prit l'initiative d'une lettre invitant Wallis à venir profiter de son château si elle le désirait. Elle n'avait jamais rencontré cet ami des Rogers, mais ils lui en dirent le plus grand bien. Après n'avoir pas dit non et avec l'accord du duc, elle finit par dire oui, annonçant son arrivée prochaine en Touraine. Cerise sur le gâteau, elle convainquit son amant d'y organiser leur mariage, dès que son divorce serait prononcé. Consulté, George VI donna lui aussi son assentiment : mieux valait la campagne française que la Riviera, villégiature pour riches et terrain trop facile pour la presse à scandale.

Accompagnée des Rogers, Wallis arriva à Candé début mars 1937. Le divorce fut prononcé le 27 avril. Edward la rejoignit dix jours plus tard, reçu à la gare de Verneuil par sa future épouse flanquée de Charles et Fern Bedaux. Ils gagnèrent le domaine dans la Rolls du propriétaire, escortés par des motards de la police que le préfet avait obligeamment envoyés. Pendant les semaines qu'ils partagèrent à Candé, les deux couples s'entendirent parfaitement. La propriété et son château – « demeure vraiment princière », notait *Ce Soir* du 13 mars 1937 – présentaient suffisamment d'attraits pour qu'on ne s'y ennuie pas. Qui plus est, le duc se montrait très intéressé par le travail de Charles, sur lequel il le questionnait sans cesse. Marcel Grolleau fut même convié pour une soirée de présentation du « système B. ». Le 12 mai 1937, c'est en compagnie des Rogers qu'après une journée de golf, l'ex-roi et sa maîtresse suivirent à la radio le couronnement de George VI, « sous le regard fixe des lions que M. Bedaux a rapportés de ses chasses en Afrique », précisa *Le Petit Journal* du lendemain.

Les Windsor purent profiter seuls des commodités et de la tranquillité des lieux pendant une quinzaine de jours. Les Bedaux prirent en effet la route de Londres puis de Paris, avant que Charles ne fasse un saut de quatre jours en Bavière, officiellement pour une cure rendue nécessaire par ses bronchites à répétition.

Il est temps d'ouvrir son « dossier » allemand.

12

Négociations allemandes

Quatre jours de cure ! Il faut croire que le bon air et les eaux des Alpes bavaroises avaient des vertus foudroyantes. C'était évidemment un mensonge, car, même si la destination de Bedaux était alors Bad Reichenhall, lieu en effet conseillé pour la thérapie des bronches, cette ville était le chef-lieu d'un arrondissement dont la petite ville de Berchtesgaden faisait partie. C'est là, sur le plateau de l'Obersalzberg, qu'Adolf Hitler et plusieurs dignitaires possédaient chacun un chalet, si bien que le lieu passait à juste titre pour la deuxième capitale du Reich. Charles lui-même n'y acheta jamais de villégiature[1], posant toujours ses valises au centre de cure du chef-lieu. Ses eaux à base de sel et de saumure alpine étaient excellentes pour la respiration. S'il ne rencontra jamais Hitler, il croisa son aide de camp, le capitaine Fritz Wiedemann, Goering, Speer et le docteur Theodor

1. Des biographes de Bedaux affirment que celui-ci avait *acheté* un chalet sur l'Obersalzberg. C'est inexact, la liste des habitants et propriétaires étant parfaitement connue. Peut-être logea-t-il exceptionnellement *en location* à Berchtesgaden, à 10 km du Berghof.

Morell, charlatan patenté devenu médecin personnel du Führer. Quelques autres peut-être. Était-ce un hasard? Quelle que soit la réponse à la question, il reste à savoir ce que signifiaient et représentaient pour Bedaux ces connexions allemandes.

A priori, ce patriote franco-américain n'aurait jamais dû se trouver embarqué dans une telle galère. Pour l'expliquer, la plupart de ses biographes vont chercher loin dans son passé et n'hésitent pas à le voir comme un espion allemand depuis le premier conflit mondial. Tout remonte à une enquête du contre-espionnage américain lancée en 1915. À cette époque, sa première épouse, Blanche, avait attiré l'attention... par sa parfaite maîtrise de la langue de Goethe. Un rapport avait même fait remarquer que « Morrini » était un nom à consonance italienne, quand bien même l'Italie (dont l'intéressé n'était de toute façon pas ressortissant) avait fini par pencher du « bon » côté. Ces deux faits furent exhumés après la déclaration de guerre des États-Unis, le 6 avril 1917. Une loi spéciale sur l'espionnage et le commerce avec l'ennemi ayant été votée le mois de juillet suivant, une investigation sur Blanche et Charles Bedaux fut lancée. Convoqué dans les bureaux du ministère, celui-ci justifia par ses activités professionnelles la possession de quantités de notes sur l'industrie américaine. Il ne fut pas cru et on lui reprocha encore deux causeries qu'il avait prononcées en 1916, dans lesquelles il ne s'était pas montré défavorable aux Empires centraux. Des habitants de Grand Rapids l'accusèrent d'être pacifiste, parce qu'il avait dit que cette guerre était une folie, ce que, soit dit en passant, il n'était pas le seul à penser. On ne se souvint même pas de son engagement dans la Légion. Après des mois de tracasseries, l'affaire fut classée sans suite, en décembre 1917. On peut penser que l'Intelligence Branch de l'armée américaine n'eut pas tort de refermer le dossier Bedaux, sans doute un parmi des milliers ouverts après l'entrée en guerre. Il passa des bureaux aux archives où, contrairement à ce que l'on croit, les papiers ne dorment jamais vraiment.

La suite des relations allemandes de Bedaux n'est pas aussi limpide, sans être inexplicable. Rappelons d'abord que ses entreprises se développèrent rapidement en Allemagne. En 1931, une vingtaine d'usines utilisaient le « système B. », les plus importantes étant celles des pneus Continental. Charles séjournait souvent à Berlin pour appuyer encore cette croissance. Son premier séjour professionnel datait de 1925, donc bien avant l'arrivée d'Adolf Hitler au pouvoir. Il avait depuis confié la gestion quotidienne de sa filiale à l'ex-général Tischbein, le conseil financier au banquier Emil Georg von Stauss[2] et le développement à un Autrichien rencontré à Los Angeles, le comte Josef von Ledebur.

Issus d'une famille noble depuis le XIIe siècle, les Ledebur-Wicheln, Josef et son frère Friedrich – un jeune homme bohème – avaient pour père un ancien ministre de François-Joseph, avant-dernier empereur d'Autriche. Ils avaient participé à plusieurs des expéditions de Charles et étaient des rationnaires habituels de

2. Stauss était membre des conseils d'administration de Lufthansa, UFA (production de films), Daimler-Benz et BMW. Proche de Goering, il n'adhéra pas au NSDAP mais en fréquenta les principaux dirigeants.

Candé. Une de leurs sœurs était mariée à un haut dirigeant juif de Standart Oil en Hollande, dont la maison mère était cliente des entreprises Bedaux. À l'époque, rien ne reliait les Ledebur aux nazis, qui s'approchaient du pouvoir. Friedrich s'exilera d'ailleurs aux États-Unis pour leur échapper[3]. Mais, au mitan des années 1930, Josef leur trouva provisoirement du charme, au moment même où Charles le plaçait à la tête de ses entreprises est-européennes. Ici, on se demande si la poule avait fait l'œuf ou l'œuf la poule. Plus tard, même revenu de son attirance pour les maîtres de l'Allemagne, il servira comme capitaine de cavalerie pendant les campagnes de Pologne puis de France.

Janvier 1933 fut comme un coup de tonnerre pour l'Europe, mais aussi pour les entreprises Bedaux. Les nazis aimaient certes l'ordre et l'organisation rationnelle de la production, mais le « système B. » était fort éloigné du principe de la « Force par la joie » développé par le puissant Front allemand du travail (Deutsche Arbeitsfront, DAF), fondé par l'ingénieur chimiste Robert Ley. Cette nébuleuse était une des plus importantes d'Allemagne, regroupant les syndicats ouvriers et patronaux, gérant des sous-mouvements divers, des écoles et des centres de formation. Elle emploiera 44 000 personnes en 1939, pour quelque 25 millions de membres. Outre museler le monde du travail, elle poursuivait l'objectif de remplacer

3. Friedrich (1900-1986) partira pour Hollywood et se lancera dans une carrière d'acteur de cinéma, non sans succès. Après une quarantaine de films (*Moby Dick*, *Alexandre le Grand*, *Ginger et Fred*...), il incarnera, pour la télévision française, le roi de Kurlande dans la série *La Demoiselle d'Avignon*.

la lutte des classes par une « communauté sociale et productive » où le pouvoir politique fixait les objectifs et les conditions de la production, salaires compris. C'était l'aspect le plus socialisant du national-socialisme, prétexte surtout au développement du totalitarisme. Le « système B. » comme le taylorisme, critiqués depuis longtemps par les ouvriers, étaient à la fois considérés comme « oppressifs » et – surtout – « non allemands ». Une publication du Front écrivait à cette époque que « les hommes d'affaires allemands ne doivent avoir aucun besoin de produits étrangers comme Bedaux ». Il fallait leur préférer les règles d'une théorie mise au point en Allemagne en 1924, le REFA ou Reichsausschuss für Arbeitszeitermittlung (Comité du Reich pour la détermination du temps de travail). En conséquence de quoi le nouveau gouvernement ordonna la fermeture de la Deutsche Bedaux Gesellschaft.

Pour toucher les dignitaires du Reich et tenter de sauver ses positions, entre deux voyages ou explorations, Charles joua un jeu au départ adroit, avec à la clé quelques apparitions à Berchtesgaden, des réceptions bien organisées à l'hôtel Adlon, un ou deux week-ends à Candé avec Stauss et ses employés allemands conduits par un dénommé Heinrich Schlindwein qui servait de poisson-pilote et de traducteur. Le banquier entra même au conseil d'administration de la société new-yorkaise de Bedaux, avec 500 marks mensuels d'indemnité[4].

4. Un neveu de Stauss, émigré aux États-Unis et lui aussi prénommé Georg, profita d'un voyage en Europe en 1939 pour rencontrer plusieurs fois Bedaux et présenter une thèse de doctorat à Vienne ayant pour titre *Das Bedaux System und seine Wirtschftlichkeit* (août 1939).

Notre homme parvint ainsi à approcher le chef du Front du travail, Robert Ley, et le ministre de l'Économie, Hjalmar Schacht.

Ce dernier, habile financier, avait permis aux nationaux-socialistes d'entrer en contact avec les milieux industriels et participé au siège du président Hindenburg pour le convaincre d'appeler Hitler à la Chancellerie. En remerciement des services rendus, il avait été nommé président de la Reichsbank puis ministre. Dans ses *Souvenirs d'une ambassade à Berlin,* André François-Poncet le décrira comme « un cynique, un fanfaron d'audace, un ambitieux effréné [...], beaucoup plus intelligent que les nazis, qu'il juge et qu'il jauge[5] ». Marié depuis 1903 et alors aux portes de la soixantaine, Schacht avait une maîtresse à demi cachée en la charmante personne de la sculptrice Annie Höfken-Hempel. C'est grâce à elle que Bedaux put le rencontrer. Il invita d'abord cette spécialiste des bustes et des petits sujets à des réceptions. Il en aurait profité, dira-t-on, pour la mettre dans son lit, ce que les biographes de la dame ne mentionnent nulle part. Il lui commanda des œuvres, dont des bustes de lui et de Fern (pour 100000 marks), plus tard la représentation d'un baiser qu'il offrit aux Windsor pour leur mariage. Il lui proposa enfin d'exposer à ses frais à Paris, ce qui fut programmé pour novembre 1937. La porte de Schacht était ouverte et, avec elle, celles donnant accès au cercle du pouvoir. Le ministre reçut plusieurs fois Bedaux,

5. Ministre jusqu'en novembre 1937, président de la Reichsbank jusqu'en 1939 puis ministre sans portefeuille jusqu'en 1943, il sera ensuite détenu dans plusieurs camps de concentration. Il sera acquitté à Nuremberg.

sans que l'on sache vraiment ce qu'ils se dirent. Au printemps 1937, ce fut au tour de Robert Ley de l'accueillir chez lui. Le résultat de ce travail de relations publiques et de lobbying ne se fit pas attendre. Courant 1937, les entreprises Bedaux furent à nouveau autorisées, moyennant un droit de 50000 dollars versé au Front du travail. On l'obligea simplement à faire disparaître son patronyme de leur holding, qui devint *Gesellschaft für Wirtschaftsberatung* (« entreprise de conseil en entreprises ») avec comme principal dirigeant Heinrich Schlindwein.

L'accord prévoyait en annexe discrète que Bedaux organiserait une tournée des Windsor en Allemagne, en profitant de ses relations de confiance avec eux. Le marché fut probablement conclu en présence du capitaine Wiedemann. En discutant désormais avec un aide de camp d'Hitler, Bedaux avait monté un échelon de plus. Un rendez-vous fut en outre pris au Ritz de Paris avec un envoyé de Ribbentrop. L'affaire avait changé de palier, et notre ingénieur-conseil se sentait pousser des ailes. Il se voyait au cœur de la diplomatie européenne. On peut penser qu'un basculement eut lieu à ce moment dans son bon sens, d'autant plus que la position économique de ses entreprises commençait à s'effriter. Après avoir cherché la lumière à tout prix, il devenait, autant que cela lui était possible, un homme de l'ombre. Concernant les Windsor, tout devait en effet rester secret avant l'annonce de leur voyage. Dans les documents échangés entre services allemands, Charles était logiquement appelé « Mr B. », tandis que le duc était « EP », pour « Edward Prince ».

Quoi qu'il en soit, jusqu'à présent Bedaux avait seulement « fricoté » avec quelques anges du diable de

Berlin. Il n'était pas leur agent mais leur obligé, après la réouverture conditionnelle de ses sociétés. Mais on sait bien que de tels services servent toujours d'amorce à une collaboration plus approfondie. Nous essaierons de savoir si ce fut vraiment le cas.

13

Les Windsor au Berghof

Après leur mariage, les Windsor avaient passé quelques heures à Venise – où un bouquet de 100 œillets envoyé par Mussolini attendait Wallis – avant de pousser jusqu'en Autriche et de s'installer au château de Wasserleonburg. Ils y restèrent jusqu'au début de septembre 1937, avant des escapades à Vienne et un retour un peu plus long dans la cité des Doges. Décidément incorrigible, Edward adressa un ostensible salut fasciste à la foule qui l'acclamait à la Fenice, un soir de représentation de *Roméo et Juliette*. Il ne se donnait même pas la peine de cacher que, de son point de vue, sa carrière politique n'était pas terminée et qu'un jour, quitte à bousculer son frère George VI, son ex-royaume aurait besoin de lui. Les milieux gouvernementaux britanniques, tout en se félicitant de l'avoir écarté du trône, se défiaient désormais de lui. Ils renforcèrent sa surveillance de même que celle de toutes les personnes qu'il fréquentait.

De retour à Wasserleonburg, les Windsor reçurent la visite de Charles et Fern Bedaux. Le principe d'un voyage en Allemagne fut évoqué lors de conversations entre hommes dans la bibliothèque. Il se ferait à l'invitation du

Front du travail, avec comme but officiel de rencontrer des ouvriers, de constater les bienfaits de la politique sociale nazie et de mieux comprendre l'organisation des ateliers allemands. Fort de sa réputation de passionné des questions sociales, née à l'époque où il s'était rendu en visite dans des mines du pays de Galles, Edward accepta avec enthousiasme de saisir cette occasion de faire parler de lui et – pourquoi pas ? – de renforcer ses chances de retour sur la scène anglaise. Il le fit avec d'autant plus d'enthousiasme que Bedaux avait obtenu de Ley et Schacht que la Reichsbank prît tous ses frais en charge. Dans la thèse de philosophie qu'il a consacrée au système Bedaux en 2014, Michael Weatherburn cite un témoignage inédit d'Albert Ramond qui estime que la motivation de son patron dans le mariage et l'équipée allemande des Windsor était uniquement le développement de ses affaires en Allemagne. Il lui aurait déclaré que « l'argent était la seule chose qui l'intéressait vraiment ». Ajoutons-y tout de même les délices que lui procuraient la notoriété et la réputation d'être associé aux grandes questions politico-sociales du moment.

Charles proposa qu'une seconde tournée soit organisée aux États-Unis dans la foulée du séjour dans le Reich. Il s'engageait à la financer sur ses deniers, ce que le pingre Windsor accepta derechef. Il pourrait y enfoncer le clou d'un Edward « duc du peuple », généreux (ce qu'il n'était pas) et proche des pauvres (ce qu'il ne fut jamais). Et pour sceller l'accord, les Bedaux invitèrent les Windsor à venir passer dix jours dans leur manoir hongrois de Borodivanka. Ils y arrivèrent le 6 septembre, pour se détendre et chasser. *Le Monde illustré* publia à cette époque une photo montrant les deux couples posant devant le relais de chasse, les dames en robes longues, les messieurs arborant des tenues traditionnelles, hongroise pour Edward, bavaroise pour Charles. Ils travaillèrent aussi à la préparation de la première équipée. Chargé des détails et du protocole du côté allemand, le capitaine Wiedemann avait informé Bedaux, sur papier à en-tête de la Chancellerie, que tout était prêt pour la réception d'Edward et Wallis, désormais sur invitation du Führer en personne[1]. Voitures, avions, gardes d'honneur et réceptions somptueuses seraient au rendez-vous, en même temps que des visites d'entreprises et des rencontres avec des travailleurs opérant évidemment avec force et dans la joie. Un accueil et un programme de presque roi, en tout cas d'un ami du Reich.

Au même moment, Bedaux se rapprocha de l'ambassade des États-Unis à Budapest. Le chargé d'affaires Howard Travers le reçut plusieurs fois… et le fit parler. Fier d'être son fondé de pouvoir et « représentant personnel », Charles évoqua certes le programme américain envisagé pour le mois de novembre, mais aussi les ambitions politiques de l'ancien roi. Une lumière rouge s'alluma dans l'esprit du diplomate dont les rapports, peu enthousiastes pour la tournée aux États-Unis, se succédèrent. L'alarme était la même à l'ambassade d'Angleterre, quelques pâtés de maisons plus loin. Là, l'ambassadeur, sir Geoffrey Knox, s'inquiétait du séjour en Allemagne prévu en octobre. Il alerta le Foreign Office.

1. Cette lettre du 7 septembre 1937, adressée à « Monsieur *Jean* Bedaux », est passée en vente à Londres en mars 2023.

Plus que jamais embarrassé, le ministère câbla en retour à ses représentants européens que le frère du roi était une personne privée, qui voyageait privément et que rien ne devait être consenti pour lui faciliter des rencontres avec les responsables nationaux-socialistes. Dans une de ses dépêches, reliant les deux voyages en un projet factieux, Knox alla jusqu'à alerter Londres sur le risque d'un « retour semi-fasciste [d'Edward] en Angleterre en flattant le milieu ouvrier américain ».

Le 25 septembre 1937, alors que les Windsor s'installaient au Ritz de Paris, Bedaux se rendit à Berlin pour peaufiner les détails de la visite ducale. Il descendit pour une fois à l'hôtel Kaiserhof, le palace concurrent de l'Adlon et véritable repaire nazi. Il y retrouva Wiedemann et Ley, peut-être aussi Ribbentrop qui se préparait à devenir ministre des Affaires étrangères en lieu et place de Constantin von Neurath. Wiedemann vint ensuite à Paris rendre compte aux Windsor des dispositions prises pour les accueillir et les honorer. Le duc était aux anges. À Londres, ne souhaitant pas déclencher un scandale public en donnant l'impression d'une quelconque persécution contre son frère, George VI renonça à tenter de le dissuader de n'en faire qu'à sa tête.

Selon Martin Allen, repris sans prudence par d'autres auteurs, se serait déroulée en cette fin septembre 1937 une scène digne d'un film d'espionnage[2]. Il la tire d'un ou deux documents conservés dans les archives classifiées

2. Martin est le fils de Peter Allen, historien militaire réputé, qui a publié en 1983 un premier ouvrage mettant en cause la loyauté des Windsor : *The Crown and The Swastika*.

pendant plusieurs décennies. Avant que d'en connaître le déroulement, il est bon de rappeler ici que ce n'est pas parce qu'un document est « secret » qu'il dit la vérité. Et ceux dont nous allons parler ont toutes les apparences d'une élucubration, avec en sus, pour plusieurs d'entre eux, le soupçon d'être des faux.

Dans le collimateur du MI6, le service de renseignements britannique, Bedaux était suivi pas à pas, en Hongrie et à Berlin. Le 28 septembre, il aurait quitté son hôtel pour se rendre dans une gare et y accueillir... Errol Flynn. L'acteur arrivait de Paris. Il était lui aussi suivi comme son ombre par un autre espion, car on le pensait porteur de valises de l'Armée républicaine irlandaise (IRA). Les deux hommes se rendirent ensemble au Kaiserhof. Le 29 septembre, les agents anglais virent apparaître dans le hall Rudolf Hess, le numéro deux allemand, et Martin Bormann, le secrétaire particulier d'Hitler. Ils entraînèrent la star américaine à la gare de la Friedrichstraße et embarquèrent tous trois pour Paris, jusqu'à l'hôtel Meurice. Bedaux, qui avait échappé à toute surveillance, les y attendait. À leur grande surprise, les deux agents auraient retrouvé dans le hall deux autres de leurs collègues, ceux-ci chargés de la surveillance du duc de Windsor... qui parut à son tour. Hess, Bormann, Bedaux suivirent Edward jusque dans sa suite où ils seraient restés de longues minutes. C'est à ce moment qu'auraient été arrêtés les détails du voyage.

L'anecdote est invraisemblable. On voit mal ce que Flynn serait venu faire dans cette histoire. Malgré une brève fréquentation d'un Autrichien qui s'avérera avoir été agent de l'Abwehr, l'acteur n'a jamais été accusé, ni avant ni plus tard, d'avoir été proche de l'IRA et encore moins des nazis. C'est au contraire ses engagements à gauche qui lui furent et lui seront reprochés, en faveur des républicains espagnols d'abord, et des Cubains de Castro ensuite. Et sur la mystérieuse rencontre de Paris, les rapports ne sont pas aussi explicites que le laissent entendre ceux qui les citent. On ne comprend pas non plus pourquoi les Allemands auraient eu besoin d'un nouvel intermédiaire pour organiser la tournée des Windsor, qui était parfaitement sur les rails. Ajoutons qu'une visite de Hess à Paris ne serait pas passée inaperçue. Or, elle n'est nulle part signalée.

Les Windsor arrivèrent à Berlin, en provenance de Paris, le 11 octobre 1937. Bedaux n'était pas du voyage. À la gare de la Friedrichstraße, ils furent salués par Ribbentrop, Wiedemann, Ley et quelques autres responsables nazis, en présence d'une foule en liesse criant « Heil Edward ! », accueil que l'on réservait habituellement aux chefs d'État amis. Le duc répondit par quelques bras tendus et, chose rare chez lui, de francs sourires. Serrant avec joie l'énorme bouquet qui lui avait été offert, Wallis ne les économisait pas non plus, se régalant des « Altesse Royale » que le protocole lui avait réservées. Prétextant que l'ambassadeur Neville Henderson, pourtant très germanophile, était en vacances, l'ambassade d'Angleterre avait délégué son troisième secrétaire, avec consigne de se tenir à l'écart, ce qu'il fit sans difficulté puisque son rang protocolaire le plaçait loin du couple.

Suivirent des visites d'entreprises modèles avec installations de loisirs et piscine, des discussions avec des ouvriers (le duc parlait couramment l'allemand), un concert de chorales ouvrières et une soirée à l'opéra de Berlin (on y joua le *God Save the King* pour le duc), l'inspection d'un camp d'entraînement des SS en Poméranie. C'est lors de cette étape que furent prises les photos si dévastatrices du duc passant en revue les hommes en noir, mine grave et chapeau bas. Après un dîner chez Ley, Goebbels nota dans son journal : « Dommage qu'il ne soit pas roi. Avec lui, nous serions parvenus à conclure une alliance. »

Le 14 octobre, Goering reçut le couple dans son fabuleux domaine de Carinhall, massif palais campagnard au luxe ostentatoire. Sa femme et lui multiplièrent les attentions et on se quitta très bons amis[3]. Deux jours plus tard, le duc inaugura l'exposition artisanale de Düsseldorf, organisée par le Front du travail, une fois de plus sous les vivats. À Leipzig, après un bain de foule et l'habituelle revue de la garde d'honneur, il s'adressa au public, se félicitant du « miracle » allemand accompli « par un seul homme et une seule volonté ». Rien, pas même la politesse, ne l'y obligeait, mais à ce moment les digues étaient rompues.

Enfin, le 22 octobre 1937, Hitler reçut les Windsor au Berghof, son chalet acheté sur le plateau de l'Obersalzberg, non loin de Berchtesgaden. Il vint les accueillir au bas du grand escalier, se courbant légèrement pour saluer Edward, baisant la main de Wallis. L'ex-roi et son épouse n'étaient ni les premiers ni les derniers Anglais

---

3. Goering et Edward avaient cordialement correspondu à l'époque où le second était encore prince de Galles, à l'occasion d'un projet de visite des anciens combattants anglais en Allemagne.

à visiter ici le maître de l'Allemagne. Un an plus tôt, Lloyd George y avait passé plusieurs heures. On avait mis sur le compte de son grand âge sa déclaration finale concernant le Führer : « C'est un leader-né [...]. Les vieux ont confiance en lui, les jeunes l'idéalisent. Il est le George Washington de l'Allemagne – celui qui gagne l'indépendance de son pays contre ses oppresseurs. » Notons que les « oppresseurs » en question étaient les signataires du traité de Versailles... dont l'ancien Premier ministre lui-même. Après lui et les Windsor, Lord Halifax (dès le 18 novembre suivant) et Chamberlain monteront eux aussi les degrés menant au grand salon du chalet et sa baie vitrée de 32 m^2. Comme leurs prédécesseurs, ils se laisseront rouler dans la farine par « Herr Hitler ».

Celui-ci avait suivi avec attention le bref règne d'Edward VIII et avait vu dans son abdication une réaction des forces hostiles à l'Allemagne. Pour une fois, lors de l'audience, l'ex-roi tint relativement sa langue. On ne sait si ce fut une précaution tardive ou s'il était impressionné par son hôte, alors au sommet de sa popularité, y compris hors d'Allemagne. Paul-Otto Schmidt, qui servait d'interprète à la duchesse, a témoigné de la parfaite amabilité bavarde du Führer et du quasi-mutisme du duc, qui se contenta de dire quelques mots élogieux sur le développement industriel et la politique sociale du Reich. Il ajoute qu'en voyant la voiture de ses invités s'éloigner à l'issue de la rencontre, Hitler se tourna vers lui et lui dit, parlant de Wallis : « Elle aurait fait une belle reine. » C'était un autre point d'accord entre le dictateur et le duc de Windsor.

Après un dîner d'adieu à Nuremberg, en compagnie de l'ex-famille impériale allemande (seul le Kaiser Guillaume II n'était pas venu), les Windsor rentrèrent à Paris, se moquant bien et peut-être se réjouissant de la tempête que leur visite avait provoquée à Londres. Les 18 et 28 octobre, devant la presse anglo-américaine, ils annoncèrent puis confirmèrent leur prochaine excursion aux États-Unis, précisant qu'ils y seraient introduits et cette fois accompagnés par leurs amis Bedaux. Le point d'orgue pourrait bien en être une rencontre à la Maison-Blanche avec le président Roosevelt.

Éclaireur de la deuxième étape du *Windsor Tour*, Charles voguait déjà vers New York à bord du paquebot *Europa*, qui traversait l'Atlantique en quatre jours.

14

Le guet-apens américain

En prenant en main les périples des Windsor en Allemagne et aux États-Unis, Bedaux commit une sérieuse erreur d'appréciation. Ce service rendu en échange de la réouverture sous conditions de ses entreprises allemandes fut en effet interprété comme une adhésion au régime nazi. Il n'avait sans doute pas voulu se compromettre à ce point avec le danger européen montant, mais n'en fournit pas moins un prétexte supplémentaire pour s'en prendre à sa méthode en l'assimilant à celles des hitlériens. Ce qu'il considérait comme une bonne manière doublée d'une formidable publicité pour ses entreprises plongea son groupe et lui-même dans les pires embarras. Dans ses *Propos de O. L. Barenton, confiseur,* amusant livre de management par le bon sens paru en 1937, Auguste Detœuf avait raison : « L'ingénieur-conseil se fait par la technique, se maintient par l'honnêteté et se détruit par le bavardage. »

Malgré leur neutralité officielle, les autorités américaines avaient peu goûté l'escapade allemande de l'ex-roi d'Angleterre, mais pas au point de lui refuser leur porte. En revanche, les syndicats – téléguidés par leur gouvernement ? – y virent une bonne occasion de s'attaquer au système Bedaux qu'ils avaient jusqu'alors combattu sans grand succès. Cette fois, leur offensive fut efficace, et le gouvernement ne leva pas le petit doigt pour tirer l'entrepreneur d'embarras. Les rapports venus de Londres l'avaient en effet présenté comme un « individu à risque », ceux envoyés de Budapest ne valaient guère mieux. Après Scotland Yard, le MI5 et le MI6, c'est cette fois le FBI qui avait commencé à établir un dossier à charge autour de l'affirmation qu'il était proche des nazis. En conséquence, encouragée par le Foreign Office, la Maison-Blanche n'avait pas plus l'intention de recevoir les Windsor que d'accorder à leur « envoyé personnel » la moindre assistance.

À peine débarqué du paquebot, le 1er novembre 1937, Charles s'aperçut que l'ambiance avait changé. La petite réunion de presse qu'il avait organisée pour annoncer les grandes étapes du voyage des Windsor se passa mal. Accueilli par des questions souvent agressives, il dut défendre le duc – accusé de cautionner un régime raciste –, mais aussi se défendre lui-même. Il eut beau affirmer qu'il n'avait aucune vue politique et que c'est par amitié pour Edward et Wallis qu'il s'entremettait, rien n'y fit. Les papiers issus de la conférence de presse annonçaient un désastre. Le front journalistique ne démordrait plus des accusations de « nazisme » ou, au moins, de complicité avec le régime hitlérien. En traduction littérale, *Time* alla jusqu'à qualifier Bedaux de « méphistophélique petit Franco-Américain ». Courant décembre 1937, dans une interview à *Liberty*, celui-ci n'aura pas tort de considérer que la presse l'avait « haché menu » sans vouloir entendre ses arguments. Était-elle mandatée par les gouvernements américain et britannique ? On ne le sait pas avec certitude, mais, compte tenu des pratiques de l'époque (et de tous les temps) outre-Atlantique (et ailleurs), une présomption peut être retenue.

Sur le front social, des grèves avaient éclaté dans plusieurs entreprises qui utilisaient le « système B. ». Les grands patrons commençaient à lâcher son concepteur, tant l'agitation prenait de l'ampleur. Ils ouvraient un peu partout des négociations afin d'amender leur organisation du travail, quitte à rejeter Taylor et à écarter Charles. Alors réunie en congrès à Baltimore, la Fédération du travail (AFL) du Maryland avait publié un communiqué rageur : « Dépouillé de son vocabulaire pseudo-technique, le système Bedaux n'est ni plus ni moins qu'une méthode pour arracher la dernière once d'efforts du travailleur pour le moindre coût pour le patron. » L'ingénieur-conseil était qualifié d'« ennemi en chef des ouvriers » qui voulait montrer aux Windsor la misère qu'il avait réussi à créer. En conséquence, le duc et la duchesse ne seraient les bienvenus que s'ils se passaient des services de leur encombrant introducteur. Le syndicat des dockers annonça bientôt qu'il les empêcherait de débarquer s'ils persistaient dans l'emploi d'un poisson-pilote pareil. En résumé, sur fond de soupçons contre les Windsor, on menait la guerre au système Bedaux.

Quelques jours plus tard, d'ailleurs, la direction nationale de l'AFL (4 millions de membres), de la National Maritime Union (travailleurs de la mer) et de la fédération des travailleurs de la métallurgie adhérèrent au texte de Baltimore, mobilisant la quasi-totalité des entreprises essentielles à la prospérité de celles de Bedaux. Il n'y avait désormais aucune chance pour que le patronat tente d'allumer un contre-feu, d'autant que la presse avait pris fait et cause pour les ouvriers. On accabla quotidiennement celui que l'on nommait désormais le « Franco-Américain », allant jusqu'à mettre en doute la sincérité de son engagement dans la Légion étrangère. En dix jours, son œuvre américaine fut balayée.

Ses fréquentes absences autant que ses frasques européennes avaient indisposé ses partenaires au sein même de la maison mère, dont il avait eu l'imprudence de diviser le capital. Il n'était plus qu'un actionnaire, certes symboliquement majoritaire, mais affaibli. Lors de deux réunions du conseil d'administration, les 1er et 9 novembre 1937, inquiets de la perte de plusieurs contrats, ceux à qui il avait imprudemment cédé des parts lui déclarèrent la guerre. Ils exprimèrent l'intention de l'écarter de la direction afin de sauver l'entreprise.

Le premier conseil d'administration de la Charles E. Bedaux Company fut un véritable guet-apens. Plusieurs membres reprochèrent à Charles les 50000 dollars d'amende fiscale pour l'achat de Candé, refusant de les faire prendre en charge par l'entreprise. Le ton monta rapidement et une terrible dispute éclata entre le fondateur et les administrateurs, tous choisis et dotés par lui. Même Albert Ramond, qui devait tant à son mentor, l'abandonna[1]. À l'issue de cette pénible séance, on décida de se revoir pour trouver une solution à la crise. En trois

1. Hypothèse développée par plusieurs historiens sur la foi du témoignage du fils Bedaux : celui-ci aurait eu une aventure avec Mme Ramond et le mari trompé aurait voulu se venger. C'est invérifiable.

jours, au soulagement de tous, le « patron » concéda tout ce qu'on lui demandait. Un communiqué fut diffusé annonçant que toutes les filiales conservaient leur liberté et que Charles Bedaux n'était plus qu'un actionnaire *lambda* de la holding, sans droit de vote. Il venait de perdre sans combattre vraiment le contrôle de ses propres créations aux États-Unis. Et ce n'était pas fini.

Les associés anglais profitèrent en effet de l'occasion et du prétexte d'une importante grève chez Rover pour se débarrasser de lui de la même façon. C'est encore Ramond qui lui porta la mauvaise nouvelle, avant de tirer les marrons du feu. Abattu, Charles démissionna de la British Bedaux Ltd. Deux ans plus tard, la société fera disparaître son nom de sa raison sociale pour devenir l'Associate Industrial Consultant. Et pour couronner le tout, il apprit qu'une de ses anciennes maîtresses, Louise Booth – sœur de Marian, rencontrée plus haut –, lui réclamait 250 000 dollars pour ce qu'on appellerait aujourd'hui du harcèlement... alors que la dame avait initié le jeune Charles-Émile aux plaisirs de la chair et avait eu, semble-t-il, des vues sur le père. Si elle n'obtint finalement rien, on la crut d'abord sur parole et l'incident noircit encore un peu plus la réputation de Bedaux.

Le grand gagnant de ce bras de fer était Ramond, qui resta à la tête des entreprises américaines Bedaux jusqu'en 1942, avant de s'en emparer pour de bon et de rebaptiser la holding Albert Ramond and Associates. Réconcilié avec les syndicats, il fera évoluer ses activités vers la simple consultance, sans le chronométrage et les « unités B. ». Après la mort de Bedaux, il sera, avec les documents que fera fuiter le gouvernement américain, une des principales sources des articles défavorables qui lui seront consacrés, dont l'enquête du *New Yorker*, en trois épisodes, publiée sous la signature de Janet Flanner, qui présentera Bedaux comme un pur jouisseur et un « millionnaire allié international du fascisme ».

Dans ces conditions, le voyage des Windsor avait plus que du plomb dans l'aile. Entre les deux réunions de son conseil d'administration, Charles s'était rendu à Washington pour rencontrer le chef du protocole de l'ambassade d'Angleterre et quelques personnalités américaines. Il avait senti à nouveau que le sort ne lui était plus favorable. L'opération allemande avait déplu en hauts lieux, quand bien même la ligne officielle était encore de ménager le gouvernement de Berlin. La gauche se déchaînait et, pour ne pas s'en prendre à un ex-roi d'une puissance alliée, qui plus est marié à une Américaine, on reportait sa colère contre son représentant. Eleanor Roosevelt, épouse du président, militait pour l'annulation de la visite et complotait en ce sens avec les syndicats. Bedaux en informa le duc et la duchesse par téléphone, tout en donnant le change : il allait arranger les choses. Le départ du couple était prévu deux jours plus tard, 6 novembre, à bord du paquebot allemand (!) *Bremen*. Les bagages étaient déjà à Cherbourg et les différentes étapes de la tournée fixées.

À son retour de Washington, Bedaux rencontra une presse hostile, et même plus encore depuis qu'il était à terre dans son propre empire. Il comprit que le projet devait être abandonné. Il câbla *illico* à ses commanditaires qu'il valait mieux pour eux et le succès de leur voyage qu'il n'y soit plus mêlé. Harcelé par les journalistes, il déclara à l'*International Herald Tribune* que « quelque chose se [passait] dont il ne [pouvait] pas parler », allusion à son exclusion de la direction de ses entreprises, sur le point d'être rendue publique. Les Windsor en tirèrent la seule conséquence possible : l'annulation, présentée comme un simple report. Leur communiqué précisait : « Le duc tient à répéter qu'il n'y a pas l'ombre d'une vérité dans les insinuations qu'il serait allié à un système industriel et serait pour ou contre telle ou telle théorie raciale. » Le président de l'AFL fit immédiatement savoir que le syndicat prenait le relais de Bedaux et qu'il serait ravi de faire connaître les difficultés de ses adhérents à l'ex-roi et sa suite. L'offre ne fut pas acceptée.

Dans la matinée du 10 novembre 1937, Edward et Charles se reparlèrent au téléphone. Ils convinrent que le second devait s'éclipser au plus vite et ne plus rien dire à la presse. Fern et lui quittèrent donc discrètement le Plaza – certains journaux dirent par la porte de service – pour Montréal, puis rentrèrent en Europe sous le nom de « M. et Mme Jones » à bord du paquebot *Duchess of Bedford*. Fin novembre, les Windsor les reçurent au Ritz sans rien leur reprocher. Les deux couples continueront à correspondre jusqu'en 1942. Charles ne reviendra aux États-Unis que cinq ans plus tard, après avoir soigneusement évité le territoire américain où les procès contre lui se multipliaient. L'administration fiscale l'avait dans son viseur, qui, en 1938, lui demandera pour plus de 200000 puis 300000 dollars d'arriérés. Le réveil était brutal et le rêve américain dissipé.

15

« M. Bedaux est nazi »

Comme celle du monde entier, la presse française avait avidement suivi les aventures des Windsor et, accessoirement, celles de Bedaux. Quelques entrefilets avaient annoncé sa mise en retrait de ses entreprises américaines. Lui avait fanfaronné qu'il souhaitait en réalité « retrouver sa liberté d'action », sans préciser ce qu'il entendait en faire. En Europe aussi, les syndicats s'engouffraient dans la brèche, ouverte avec l'appui du Front populaire en 1936, et sonnaient l'hallali. Le 11 novembre 1937, alors qu'il arrivait à Montréal, Charles fit diffuser un communiqué dans lequel il confirmait « sa » décision de devenir un simple actionnaire de la Charles E. Bedaux Company, laissant entendre qu'il ferait de même pour ses affaires françaises : « La Société française Bedaux se rend compte que les critiques dont le système Bedaux est l'objet sont faites par des personnes dont la bonne foi est certainement surprise et qui ignorent complètement les caractéristiques de ce système dont les bases sont : le sens commun, la justice et l'équité. » Malgré ces propos lénifiants, la débâcle risquait d'être totale. Comme à New York, le débat concernant Bedaux se déplaçait sur le terrain politique, avec en arrière-plan des syndicats se frottant les mains.

Le 3 novembre 1937 s'était ouverte l'exposition promise à la sculptrice Annie Höfken-Hempel, l'amie du ministre Schacht[1]. Charles avait entièrement financé l'opération, qui s'inscrivait dans ses négociations en vue de pouvoir reprendre ses activités outre-Rhin. Il avait fait louer 150 m^2 de la prestigieuse galerie Charpentier, rue du Faubourg-Saint-Honoré, « à deux pas de l'Élysée » comme le fit remarquer la presse. Une vingtaine de pièces étaient exposées, dont les bustes du Kronprinz (en acajou), d'Alfred Rosenberg, « idéologue » du parti nazi (en poirier), Franz von Papen, ancien vice-chancelier devenu ambassadeur (en cerisier), Werner von Blomberg, ministre de la Guerre du Reich (en chêne), l'ambassadeur de France André François-Poncet, Hjalmar Schacht, feu le maréchal-président Paul von Hindenburg et Adolf Hitler (en bronze). Plusieurs photographies d'œuvres complétaient la petite rétrospective, dont celles des bustes de Guillaume II et, encore, du Führer. Les Windsor avaient prêté *The Kiss* offert par les Bedaux pour leur mariage. Charles et Fern étaient eux aussi représentés, la seconde par un buste en argent massif, ce qui fera écrire au *Soir* du 20 novembre que « le travail à la chaîne, quand il est bien administré, permet de s'offrir quelques fantaisies ».

1. Höfken-Hempel sera active jusqu'à sa mort, en 1965. La République fédérale d'Allemagne la conservera comme sculptrice quasi officielle, Adenauer lui commandant un buste d'Eisenhower puis un autre du pape Jean XXIII.

L'exposition fut inaugurée par l'ambassadeur d'Allemagne, Johannes von Welczeck, en présence du directeur des Beaux-Arts et de nombreux diplomates. Dans les jours suivants, le gouvernement français se porta acquéreur d'une *Rêverie* et du buste de François-Poncet, tous deux aujourd'hui dans les collections du Centre Georges-Pompidou. Mais l'événement mondain tourna au cauchemar pour les Bedaux. La presse, de gauche comme de droite, était déchaînée, y compris les magazines spécialisés dans l'art qui, bien qu'appréciant la sculptrice, regrettaient la présence des représentations d'Hitler et de certains de ses sbires dans « une exposition à la croix gammée à cent mètres de M. Lebrun ». *L'Action française* du 16 novembre réclama des sanctions contre le mécène américain : « Le châtelain de Candé est indésirable. Les rigueurs nécessaires de la loi sur les étrangers ne doivent pas être réservées aux pauvres bougres. » De son côté, *Le Populaire* du même jour assénait : « M. Bedaux est nazi. » Pour *Le Jour*, il était « le commis voyageur de la propagande nazie ».

L'intéressé n'était pas en état de se défendre. Le 14 novembre, arrivé à Amsterdam, il avait retrouvé Albert Ramond et signé avec lui un accord devant notaire officialisant les décisions prises à New York. Cette fois, la défaite était complète, qui plus est doublée d'un exil nécessaire hors des États-Unis. Ces mésaventures l'avaient fortement affecté et rendu paranoïaque, puisqu'il ne se déplaçait plus sans trois gardes du corps qui tenaient les journalistes et les importuns à l'écart. Fumeur invétéré, amateur d'alcools forts, soumis au stress le plus éprouvant depuis des mois, il souffrait de thrombose artérielle et, surtout, d'une profonde dépression. Depuis longtemps – sans doute le début des années 1930 –, il s'adonnait à certaines drogues pour le calmer, le soutenir, lutter contre ses maladies pulmonaires et les coups du sort. On a dit que le docteur Morell, celui-là même qui prescrivait à Hitler de plus en plus de produits dopants, l'avait mis sur le même chemin, information que nous n'avons pas pu vérifier mais que ses biographes donnent pour argent comptant. Ne pesant guère plus de 55 kg pour 1,71 m à ce moment, Bedaux avait décidé de prendre du repos, de se relever et de dire adieu à ses trois paquets de cigarettes quotidiens. Hélas pour lui, encore une fois, après un bref séjour à Paris, il ne trouva rien de mieux que de prendre la direction de Bad Reichenhall, à deux pas de l'Obersalzberg dont nul n'ignorait en France et en Europe qu'il était le lieu de villégiature préféré des dignitaires nazis. Il aurait voulu confirmer les soupçons contre lui qu'il ne s'y serait pas pris autrement. Après le voyage des Windsor et l'exposition Höfken-Hempel, une cure de six mois en Haute-Bavière n'était sans doute pas une bonne idée.

Son « nazisme » idéologique n'est pourtant pas établi. Contrairement au duc de Windsor, il ne se laissa jamais aller à quelque déclaration d'adhésion que ce soit. Le FBI en était par exemple réduit à insérer dans ses dossiers des témoignages de seconde main, avec une incontestable volonté de lui nuire. Y figuraient ainsi ses conversations avec John Hall Wheelock, dont le bureau de Scribner Publishing était sis dans le Chrysler Building. Selon l'éditeur, Bedaux s'était à la fois montré élogieux pour Hitler et désireux de voir le duc de Windsor exercer une sorte de dictature en Angleterre. En droit américain, un tel témoignage n'avait aucune valeur, mais là n'était pas la question. On utilisait un faisceau de suspicions largement fondées sur des on-dit pour créer une ambiance générale défavorable et agir en sous-main.

Qui plus est, à rebours de la réputation qu'on lui tricotait, Bedaux était proche de certains opposants au national-socialisme, comme Karl Goerdeler, maire démissionnaire de Leipzig devenu cadre dirigeant de la société Robert Bosch, ou Adam von Trott, diplomate très engagé dans la résistance à Hitler[2]. Mais, dans l'affaire Windsor comme dans sa défense de son système face aux syndicats, si adroit qu'il fût pour gagner des contrats, Charles Bedaux n'avait pas mesuré dans quel guêpier il avait mis les pieds. Les enjeux dépassaient de beaucoup la survie de ses entreprises et même sa personne. Il ne le comprit pas à cette époque, convaincu qu'il pourrait impunément s'approcher du soleil noir pour quelques centaines de milliers de dollars et le maintien de sa réputation d'entrepreneur.

Ce prétendu « nazisme », on doit le remarquer, ne lui servit à rien dans le Reich même. La disgrâce de Schacht, chassé du ministère et relégué à la Reichsbank, entraîna la sienne. Le gouvernement du Reich lui signifia à cette époque qu'il devait abandonner tout rôle opérationnel dans ses sociétés et devrait se contenter de royalties… qui ne lui seront jamais versées. Un autre pays, une autre oligarchie – celle-ci sans aucune pitié – se débarrassaient de lui, après son pays d'adoption. Pas de quoi se remettre facilement de sa dépression et abandonner les drogues.

2. Il sera exécuté à la suite de l'attentat du 20 juillet 1944.

16

Le vent tourne

Lorsque Charles et Fern rentrèrent à Candé, après six mois en Allemagne suivis de deux autres en Sicile, l'empire Bedaux était ébranlé. Son patron était mal remis et continuait à se soutenir avec des médicaments. Après les premières difficultés rencontrées en Italie – sa société italienne avait fini par être nationalisée –, la déroute américaine, la défaite anglaise et la mise à l'écart allemande, la France était à son tour le théâtre d'un rejet du « système B. ». On l'y assimilait de plus en plus à de la pure exploitation des travailleurs, y compris dans les milieux conservateurs où l'on pensait qu'il ne valait pas mieux que le stakhanovisme, ainsi que l'écrivit *Je suis partout*, le 27 novembre 1937 : « Bedaux a enfoncé Taylor. Stakhanov bat le record de Bedaux. Demain, un autre monstre les aplatira tous les deux. » Les soupçons de proximité avec les nazis fournissaient une raison morale supplémentaire de ne pas vouloir de bien à Charles.

Dans notre pays, le développement de l'entreprise Bedaux n'avait jamais été un chemin tranquille. On a signalé plus haut la fronde des cheminots de La Garenne, à laquelle il faut ajouter la grogne permanente des mineurs. Dès 1931, une grève dure chez le métallurgiste Babcock à La Courneuve avait abouti à l'abandon des « unités Bedaux » pour une partie des ateliers[1]. Les accords de Matignon[2] et de nombreuses conventions collectives postérieures avaient mis partiellement à l'index l'organisation scientifique du travail en général et le chronométrage en particulier. La presse française multipliait les attaques, reproduisant abondamment un reportage publié par le *Daily Mail* anglais dont les reporters avaient visité une fabrique de tonneaux londonienne de 1 500 ouvriers appliquant la méthode Bedaux. Ils avaient décrit un travail répétitif et « sans joie », des travailleuses « à la face blanche » déclarant n'avoir « plus le temps de rien », sauf celui de se disputer avec leurs collègues qui ne tenaient pas les cadences. En France, *La Vie ouvrière* du 17 avril 1936 ne disait pas autre chose, en parlant d'une visite des ateliers textiles de Vaulx-en-Velin : « La rationalisation, système Bedaux, a fait des ravages sur la santé de ces centaines d'hommes, de femmes et de jeunes. De nombreux ouvriers nous font voir des plaies aux jambes, occasionnées par les produits chimiques. D'autres ont les doigts et les mains rouges. Tous les jours, des ouvriers doivent quitter le travail, aveuglés par les émanations toxiques. [Ils réclament] que disparaisse le contrôle chronométré de la production, appelé système Bedaux. » Dernier argument développé

1. Au même moment, les ouvriers du constructeur automobile d'Anvers, Minerva, n'avaient rien obtenu, bien qu'ayant fait grève contre la méthode Bedaux.

2. La plupart des avancées obtenues par les syndicats avaient été confirmées par une série de lois votées entre le 11 et le 18 juin 1936.

contre la SFB, elle était désormais présentée comme une entreprise étrangère ; le mythe de « l'oncle d'Amérique », qui avait pu faire rêver à la fin des années 1920, devenait un handicap, d'autant plus que les entreprises purement hexagonales d'ingénieurs-conseils s'étaient beaucoup développées. Ces concurrents n'avaient aucun cadeau à faire à « l'ex-petit gars de Charenton ». Le cinéma de Chaplin – *Les Temps modernes* étaient sortis en France le 24 septembre 1936 –, mais aussi la littérature, comme la découverte horrifiée des usines Ford par le Bardamu de Louis-Ferdinand Céline dans *Voyage au bout de la nuit*, contribuaient à cette atmosphère de défiance. Les mouvements sociaux se développaient dans tous les secteurs et toutes les régions, attisant les tensions entre communistes et socialistes au sein du Front populaire, les premiers absolument opposés à l'OST, les seconds plus conciliants. Nombre de ces conflits touchaient encore et toujours au travail à la chaîne et au chronométrage, à quoi on réduisait volontiers le « système B. ».

Après une période d'accalmie au second semestre 1936, la contestation reprit de plus belle avec ce qu'il fallait de grèves pour parvenir à la déstabilisation des contrats signés par Bedaux. L'offensive menée par les syndicats se déroula alors que notre homme était accaparé par les Windsor puis sa cure à Bad Reichenhall. Il avait certes renoncé aux activités opérationnelles depuis la réorganisation de son groupe en 1932, mais, même rentier de ses royalties, il aurait peut-être mieux combattu s'il avait été en état physique de lutter. Toujours est-il qu'il laissa Louis Duez se débrouiller avec les contestations, comme aux Textiles artificiels de Vaulx-en-Velin, dans les sociétés de chemin de fer, chez les métallurgistes de Holtzer à Toulouse et avec les mouvements incessants dans les mines d'Anzin. Il fut aussi absent du dossier le plus célèbre, qui fit la une des journaux fin 1937, la grève chez Goodrich à Colombes.

Principal client de Bedaux aux États-Unis et son premier en France, l'entreprise de pneumatiques appliquait tant bien que mal son système depuis une dizaine d'années. La productivité de l'usine de Colombes s'était améliorée, mais sans que les salaires augmentent en proportion. Et lorsque les syndicats demandaient des explications, on leur opposait le secret des calculs et même celui des objectifs fixés par la direction. Concrètement, il était impossible pour un ouvrier de savoir combien il gagnerait pour un mois donné, pas plus d'ailleurs qu'il n'était en mesure de vérifier si son salaire du mois passé correspondait bien à la « prime Bedaux » prévue.

Le feu fut mis aux poudres lorsque la direction prononça le licenciement de l'ouvrier meneur Rivinoff, sous l'accusation de mal faire son travail et d'avoir monté un système d'écoute des conversations téléphoniques des cadres. Le 15 décembre 1937, un débrayage général fut décidé par les syndicats, avec occupation des lieux de production. Un des objectifs était d'abattre « l'odieux système Bedaux », comme le titra *La Lutte ouvrière*, organe du Parti ouvrier internationaliste, d'obédience trotskiste, pour une fois uni dans le combat au parti communiste, stalinien orthodoxe. Et lorsque, une semaine plus tard, les forces de l'ordre encerclèrent l'usine pour en préparer l'évacuation, les grévistes déclenchèrent les sirènes, provoquant une marche des travailleurs des établissements voisins pour venir briser le siège, avec à leur tête le député communiste de Colombes Waldeck Rochet. En représailles, 52 nouveaux licenciements furent prononcés.

Comme les lois votées en 1936 le prévoyaient, le gouvernement, alors dirigé par Camille Chautemps, préconisa la mise en œuvre d'une procédure d'arbitrage menée par le président du Conseil en personne. Elle rendit ses conclusions le 6 janvier 1938. Si le renvoi de Rivinoff était confirmé, les autres licenciements étaient suspendus, en échange de la reprise du travail. Sur le fond, l'Inspection du travail était mandatée pour évaluer le système Bedaux dans l'entreprise. Il fallut quatre assemblées générales, chacune réunissant plus de 2000 personnes, pour parvenir à un vote favorable sur la sentence : on conservait le système mais en le dépouillant des aspects de chronométrage, ce qui revenait à lui retirer toute spécificité.

Malgré cette demi-défaite des syndicats, la méthode Bedaux était désormais entourée de suspicion et sa seule évocation suscitait une levée de boucliers. Autant dire que le glas venait de sonner ses premiers coups pour ses implantations françaises, et ce, d'autant plus que les inspecteurs du travail multipliaient les contrôles partout où les équipes de la SFB étaient présentes.

Paradoxalement, Charles Bedaux ne s'occupa guère des conséquences françaises de cette débâcle. C'était à Duez de s'en charger à la tête d'une entreprise devenant un consultant comme les autres, sans recours systématique à la méthode mise au point par son propriétaire. Ce dernier voyait de plus en plus son rôle comme celui d'un stratège et d'un développeur insensible aux coups qui étaient portés aux positions traditionnelles de ses sociétés. Il fallait aller de l'avant et c'est vers l'Est qu'il pensait trouver l'air qui commençait à lui manquer.

Il se tourna d'abord vers la Turquie, où il possédait une filiale, dirigée par un ancien officier allemand du nom de Rosenbusch. L'homme était juif et avait un temps été le supérieur d'Hitler pendant la Grande Guerre. Bedaux l'avait exfiltré d'Allemagne à la demande de Wiedemann (agissant probablement au nom de son chef) et d'abord placé dans sa holding d'Amsterdam, avant de le muter sur les rives du Bosphore. En mai 1938, Charles se rendit sur place. Il eut des discussions avec des parlementaires puis avec Mustafa Kemal Atatürk en personne. Son idée était de créer une compagnie nationale, mi-publique, mi-privée, pour promouvoir et appliquer en grand le « système B. ». Rosenbusch étant peu apprécié par les autochtones, il fut remplacé dans les discussions par Marcel Grolleau. Elles aboutirent à des expériences de mise en œuvre de la méthode Bedaux dans les mines de Gelik et de Zonguldak. Le développement turc n'alla guère au-delà.

Un bel espoir s'était levé au même moment du côté de la Grèce. Depuis le coup d'État du 4 août 1936, le pays vivait sous la dictature du général Ioánnis Metaxás, soutenu par le roi Georges II. Sur le plan social, le gouvernement avait promu une politique généreuse avec un salaire minimum, deux semaines de congé, une assurance chômage et des normes de sécurité au travail renforcées. Pour soutenir l'agriculture, il avait proclamé un moratoire des dettes des paysans. Enfin, un grand programme d'investissement dans les infrastructures avait été lancé. À l'été 1938, Bedaux fut accueilli à Athènes et y annonça la création de la Greek National Bedaux Company. Les entreprises et les autorités locales lui firent un excellent accueil. Elles se montrèrent intéressées à la mise en place du « système B. » à grande échelle, pour augmenter la productivité industrielle et rationaliser les grands travaux. Friedrich von Ledebur et Marcel Grolleau furent appelés pour la négociation d'un contrat global touchant 1 500 entreprises. Ils ne purent obtenir que des miettes, en raison de la dégradation de la situation internationale et… de la réputation de leur patron. Celui-ci avait depuis longtemps quitté la Grèce pour de nouvelles pérégrinations.

À Candé puis lors d'un séminaire de ses cadres à Zurich, il annonça des réorganisations d'équipes, un axe de développement qui penchait de plus en plus nettement vers l'Orient et même vouloir amender sa méthode pour la rendre compatible avec les exigences des fascistes italiens. Il fit un saut en Iran puis en Inde, poursuivant par un long voyage en Afrique du Sud, où sa méthode était appliquée dans plusieurs mines d'or et de diamants. Il termina cette séquence par l'inévitable safari dont Fern et lui restaient friands. Puis, repris par le démon des petites aventures, il décida qu'il rentrerait en automobile jusqu'au Caire. Son épouse et lui quittèrent Le Cap le 14 mars 1939 et arrivèrent à destination le 15 juin. Ils rentrèrent en Europe puis, par Rome, Candé et Bruxelles, gagnèrent l'Angleterre en compagnie de Josef von Ledebur.

Bedaux semblait avoir surmonté ses soucis personnels et professionnels des mois précédents. Il s'intéressait à nouveau à ses affaires.

17

Petite diplomatie

Contrairement aux affirmations d'une partie de la presse au moment du mariage Windsor et de l'exposition Höfken-Hempel, Charles Bedaux n'avait que peu de goût pour le nazisme. En juin 1939, de passage à Londres avec Josef von Ledebur, il fut même mêlé au petit complot fomenté par une partie de l'état-major de la Wehrmacht pour empêcher Hitler de déclencher la guerre. Les généraux Ludwig Beck, démissionnaire de son poste de chef d'état-major de l'armée de terre en août 1938, et Franz Hadler, son successeur, avaient même envisagé de le renverser, coup d'État remis après la signature des accords de Munich, réputés avoir sauvé la paix. Si le second était rentré dans le rang, le premier poursuivait son projet et avait envoyé Adam von Trott dans la capitale britannique. Son idée était d'obtenir le soutien du gouvernement de Neville Chamberlain à la résistance allemande et, surtout, de le convaincre de s'opposer plus fermement aux coups de force du Führer. Quelques mois plus tôt, Trott avait entrepris les mêmes démarches à Washington, sans grand succès. Plusieurs réunions eurent lieu entre Ledebur, revenu de ses enthousiasmes pour le national-socialisme, et lui, sans qu'on soit sûr qu'à ce stade Bedaux y participa. Ce qui est certain en revanche, c'est qu'au même moment, il voyait de son côté les dirigeants de l'Anglo-Iranian Oil pour les mettre en garde contre la vulnérabilité de leurs champs pétrolifères, les convaincre de se préparer à augmenter la production – pourquoi pas en renforçant son « système B. » que la société avait déjà adopté ? – et de passer le message qu'il était temps d'arrêter Hitler. Ni Ledebur ni Bedaux n'eurent beaucoup de succès. Les Anglais pensaient encore – mais pour quelques semaines seulement – qu'Hitler était un dirigeant comme les autres et qu'il n'avait plus intérêt à déclencher une guerre dès lors qu'on lui avait accordé ce qu'il voulait. Les autorités anglaises ne s'étaient pas encore dessillées.

Le mois suivant, Josef et Charles étaient à Berlin pour discuter avec Ley. C'est à ce moment que les sociétés Bedaux changèrent de nom, sans que leur propriétaire se voie théoriquement privé de ses royalties. Sur le point de rentrer en France, Charles fut convoqué à Salzbourg par le ministre des Affaires étrangères Ribbentrop. Ledebur et lui s'y rendirent en train, en compagnie du francophile Otto Abetz, proche du ministre et futur ambassadeur à Paris. Des conversations eurent lieu dont on ne connaît pas la teneur exacte. Interrogé plus tard par les autorités américaines, Bedaux admit que l'on avait parlé de mesure du temps de travail, d'une nouvelle forme de monnaie qui pourrait s'inspirer du « point Bedaux » en se fondant non sur l'or, mais sur l'énergie humaine, d'un mécénat pour le festival de

Salzbourg (que l'entrepreneur n'avait pas accordé)... et, tout de même, un peu de la situation internationale, le ministre répétant à l'envi qu'un accord entre la Grande-Bretagne et l'Allemagne restait possible, quand bien même la Wehrmacht était massée à la frontière polonaise. Dans la soirée, Ribbentrop quitta précipitamment ses invités après avoir reçu un message de la Chancellerie. On sut quelques jours plus tard qu'il se rendait à Moscou où, le 23 août 1939, il signa le pacte germano-soviétique. Avant de quitter Salzbourg pour Berlin, Bedaux entrevit encore le secrétaire d'État aux Affaires étrangères, Ernst von Weizsäcker, qui loin d'être un ami du pouvoir en place tentait de le gêner de l'intérieur. Enfin, à l'hôtel Adlon, il retrouva Schacht, qui s'était beaucoup rapproché des généraux contestataires, sans pour autant agir positivement pour s'opposer à Hitler. Les deux hommes dînèrent comme deux amis.

Ainsi, dans les semaines précédant la déclaration de guerre, ce Bedaux que l'on présentait – et que l'on ne cessera de présenter – comme partisan des nazis n'avait quasiment rencontré que des adversaires de la guerre et des projets du Führer. À son retour à Paris, il rendit compte de ses étonnants rendez-vous à l'ambassadeur des États-Unis, William Bullitt, qui lui-même en informa Washington. Puis notre homme prit le train pour Lyon où Marcel Grolleau l'attendait en compagnie de l'ancien patron de sa filiale en Tchécoslovaquie, Jean Caudron. C'est lors de cette réunion de travail sur le fonctionnement des entreprises Bedaux qu'ils apprirent l'invasion de la Pologne et le début du deuxième conflit mondial. Tout le monde reprit le train pour Paris.

Le 13 septembre 1939, Raoul Dautry fut appelé au gouvernement Daladier comme ministre de l'Armement, portefeuille créé pour l'occasion. L'ancien patron des chemins de fer se souvint de sa collaboration et de son entente avec Bedaux, en dépit des concessions qu'il avait dû faire aux syndicats. Il l'appela auprès de lui avec pour mission d'étudier la production des armes nécessaires à une guerre que l'on prévoyait longue. Lors de leur première réunion, il confia à l'assistance que l'armée française avait à peine trois mois de munitions en stock. Charles mit son équipe parisienne à sa disposition et, comme il était citoyen connu d'une nation neutre, il confia la direction provisoire de la Société française Bedaux à son frère Gaston, devenu ingénieur en chef des Ponts et Chaussées à Beauvais. Lui-même prit en sous-main la tête d'un service de fabrication des armements, officiellement dirigé par le chef de cabinet du ministre, François Rochat. Nommé colonel, Grolleau faisait office de secrétaire général du groupe, avec Caudron comme adjoint. Quinze ingénieurs-Bedaux servaient avec eux, tandis que quinze autres étaient détachés au ministère de l'Air, en lien avec Daniel Bedaux, un autre frère, ancien pilote et lui aussi ingénieur civil des Ponts et Chaussées[1]. Dautry leur faisait tellement confiance qu'il ne tint pas compte, et même informa Bedaux, des rapports défavorables le concernant que le 2e bureau français avait reçus de ses collègues britanniques. Nouvel

1. Daniel sera fait chevalier de la Légion d'honneur le 2 septembre 1941, avec effet rétroactif au 20 septembre 1940.

effet de l'affaire Windsor et de la liste des fréquentations professionnelles de l'ingénieur-conseil.

Charles se lança dans une tournée des usines d'armements, dont beaucoup avaient été nationalisées par le Front populaire. Son diagnostic conclut à la nécessité de les réorganiser, ce qui fut acté lors d'une rencontre patronat-syndicat, sous la houlette de Dautry. Pour augmenter la production, alors que nombre d'ouvriers étaient mobilisés, ceux qui restaient acceptèrent d'augmenter la durée du travail de 40 à 72 heures par semaine, tandis que l'organisation serait calquée sur le « système B. », chronométrage compris. Plusieurs usines devaient être converties, par exemple celles du constructeur automobile Delage, redirigées vers la production de canons automoteurs, celles de Louis Renault, mises sous tutelle à partir de novembre, ou celles de l'aéronautique en général. Bedaux proposa encore une refonte des transports par rail et camion, afin que les matériels et les munitions parviennent plus vite aux troupes.

Toutes les études réalisées par les historiens montrent que la production d'armements bondit pendant la « drôle de guerre » et atteignit des records au printemps 1940. Certaines usines multiplièrent leur production par quatre ou cinq. Les économies de matières premières (acier, cuir) purent atteindre 40 % dans certaines fabrications. Dans l'aéronautique, par exemple, le nombre d'heures travaillées passa de 84 millions en 1938 à 238 en 1939 et 196 pour les cinq premiers mois de 1940. Les ingénieurs-Bedaux n'y étaient pas pour rien. Le journal *L'Usine* du 15 février 1940 s'était réjoui de leur intervention : « Les Américains ont Taylor, nous avons Bedaux.

La France exporte beaucoup de ses inventions, les idées nouvelles ; nous ne les exploitons pas assez. » Charles était redevenu non pas « l'oncle d'Amérique », mais tout simplement un bon Français un peu américain.

Parmi les entreprises appliquant le « système B. », les textiles Blin & Blin connurent un sort particulier qui mérite d'être signalé. Leur principale usine était à Elbeuf, en Normandie. Elle employait 1 500 personnes dans la fabrication de draps militaires. Cette société plus que centenaire appartenait aux frères Maurice, André et Ernest Blin. Ils étaient juifs. Un premier accord fut signé avec elle le 14 mai 1940, dans le cadre de la mission confiée par Dautry à la Société française Bedaux. Il transférait à celle-ci l'activité technique et commerciale. Après la défaite, alors que l'activité était classée « armement » par l'occupant qui en réclamait l'« aryanisation », Bedaux accepta de devenir le prête-nom des propriétaires et son équipe géra l'affaire. Les Allemands fermèrent les yeux, sans doute pour ne pas perturber la production, désormais centrée sur le drap vert-de-gris. Une nouvelle direction fut nommée, avec un représentant de Bedaux entouré de proches non juifs des anciens dirigeants. La SFB restituera l'usine à leurs propriétaires légitimes à la Libération. Il en sera de même pour la société textile Schraft & Vogel. Les actions de ces sociétés – non dématérialisées à l'époque – furent mises à l'abri et cachées dans les caves de Candé. On ne jurera évidemment pas que Charles puis son frère Gaston agirent ici par pure grandeur d'âme, les deux entreprises étant saines et en pleine expansion. On n'en remarquera pas moins qu'ils évitèrent à ces familles juives d'être expropriées définitivement et, plus tard, leur permirent de rentrer en possession de leurs biens. Drôle de « nazi » tout de même que ce Bedaux !

Toujours dans le cadre de la mission qui lui avait été confiée, Charles se pencha sur la question des matières premières, suggérant en vain lors d'un bref séjour à Londres que la France et l'Angleterre mettent en commun leurs stocks d'acier. Son « système B. » fut intégralement rétabli dans les mines du Nord. Dautry l'envoya à Madrid pour obtenir du charbon et de l'acier des Espagnols. Il fut accueilli et guidé sur place par l'ambassadeur de France, qui n'était autre que Philippe Pétain. Le 19 mars 1940, il fut reçu par le général Franco. Après une semaine de consultations, il conclut que ses interlocuteurs jouaient la bonne volonté mais se réfugiaient derrière les insuffisances de leurs industries d'extraction désorganisées par la guerre civile. Ce facteur en moins, il obtint à peu près les mêmes réponses et réserves dilatoires à Lisbonne, où il se rendit courant avril. La péninsule Ibérique manquait de matières premières, qu'à cela ne tienne : il partit sur-le-champ pour l'Algérie, afin de mobiliser la production des mines de Kenadsa, au sud d'Oran. Rentré à Paris le 7 juin, il ne put en parler à Dautry. Le projet triangulaire entre l'Algérie, l'Espagne et la métropole était devenu inutile en raison de la quasi-certitude de la défaite. Mais Bedaux reviendra à la charge plus tard, cette fois au profit du gouvernement de Vichy.

Le 21 mars 1940, Paul Reynaud avait remplacé Édouard Daladier, ce qui ne changeait rien pour Bedaux, bien au contraire. Il entretenait en effet avec le président du Conseil d'excellentes et anciennes relations, tandis que Fern fréquentait Hélène de Portes, son influente maîtresse. Le plus important est que Dautry restait ministre de l'Armement. Mais après la fulgurante offensive allemande de mai, la défaite française était devenue inéluctable. Le 10 juin, le gouvernement se replia sur Tours. Le président Lebrun s'installa au château de Cangé[2], le président du Conseil à Chissay et Pétain, rappelé de Madrid pour devenir vice-président, à Nitray. Les deux derniers conseils des ministres de la IIIe République eurent lieu à Cangé, les 12 et 13 juin. Ce dernier jour, un Conseil suprême interallié, auquel participa Churchill, se tint à la préfecture de Tours. Reynaud y provoqua la stupeur en annonçant que la partie était perdue en France métropolitaine. L'armistice était proche.

Depuis la veille, Charles Bedaux était de retour en son château.

2. On a parfois confondu Cangé, commune de Saint-Avertin, avec Candé. Les deux châteaux sont éloignés de 15 km.

18

L'an 40

Depuis plusieurs années, le citoyen américain Bedaux avait pris l'habitude d'informer l'ambassade des États-Unis en France de ses activités et des informations qu'il recueillait dans le cadre de ses affaires. L'épisode Windsor et ses suites faisaient de lui une source importante autant qu'un personnage dont on se méfiait. Son contact à Paris était le premier secrétaire, Hugh Fullerton. Tout en redoutant que le « taylorisme » et ses dérivés permettent à l'industrie allemande de faire face aux besoins de la guerre qui venait, celui-ci estima dans un de ses rapports que Charles n'était en rien « pro-allemand » et qu'il n'avait « pas plus de sentiments politiques que de fidélités ». On peut adopter cette définition, certes sommaire, d'un homme plaçant au-dessus de tout, dans l'ordre qu'on voudra, ses entreprises, ses revenus et son style de vie. Reste à savoir ce qui relevait chez lui de l'intime : les limites qu'il s'interdisait de dépasser.

Dès la déclaration de guerre, Bedaux et Fullerton étaient convenus qu'en cas d'invasion du territoire français, les services diplomatiques américains se replieraient sur Candé. En septembre 1939, le secrétaire d'ambassade Carroll Holmes prit ses quartiers au château, comme avant-garde. Il y fut remplacé par un vice-consul, Worthington Hagerman, en janvier. Leur rôle était essentiellement d'aider les citoyens américains présents sur le territoire français à rentrer chez eux ou à se mettre à l'abri. Lorsque la chute de Paris fut inévitable, toute l'ambassade arriva, dont, pour une poignée de jours, l'ambassadeur Bullitt. Comme dernière autorité restant dans la capitale déclarée ville ouverte, il venait de négocier son occupation la plus paisible possible avec le commandement de la Wehrmacht. L'ambassadeur connaissait le domaine de Bedaux pour y être parfois venu chasser avant la guerre. Il en savait aussi toutes les commodités, notamment l'intérêt que présentait son puissant central téléphonique. À son arrivée, il était accompagné du chargé d'affaires Robert Murphy et du premier conseiller Fullerton. La petite équipe suivit bientôt le gouvernement français à Bordeaux, laissant sur place une partie du personnel, hébergé dans le pavillon de chasse, les communs et une ferme attenante. Avant de partir, Bullitt nomma Bedaux attaché d'ambassade avec statut diplomatique. C'était surprenant, compte tenu des enquêtes et des poursuites fiscales engagées contre l'entrepreneur aux États-Unis, mais, serait-on tenté d'écrire, à la guerre comme à la guerre. Cette protection n'empêcha pas les Allemands d'installer un état-major de la Luftwaffe dans des locaux disponibles du domaine. Au milieu de ces locataires inattendus, Bedaux prenait son rôle au sérieux. Il accueillait, sur ses terres et dans le bureau qu'on le laissait occuper, des dizaines de réfugiés, négociant avec l'occupant les laissez-passer nécessaires pour un retour en Amérique. Il fit même venir à Candé un médecin de l'Hôpital américain de Neuilly et une antenne de la Croix-Rouge étasunienne.

Le contrat avec l'ambassade arriva à échéance le 1er octobre 1940. Depuis le 11 juillet, Murphy avait remplacé Bullitt, rappelé par le président Roosevelt. Le siège de la représentation américaine s'était déplacé à Vichy, à la villa Ica. Elle accueillera un nouveau titulaire du poste, l'amiral William Leahy, en janvier 1941.

La sollicitude de Bedaux ne se limitait pas à ses compatriotes. Le 20 juin 1940, Tours avait été brièvement bombardée par l'artillerie allemande. Des obus incendiaires avaient mis le feu au centre-ville. Car, alors même que toutes les communes de plus de 20000 habitants avaient été déclarées « villes ouvertes », le général commandant les forces françaises avait reçu l'ordre de résister quarante-huit heures de plus afin d'achever la « défense de la Loire » et permettre l'évacuation vers le sud d'un maximum de troupes. Il avait décrété l'état de siège le 18 juin. Les Allemands avaient donc poursuivi leurs opérations pour faire sauter ce verrou, avec pour conséquences quelques tirs d'artillerie et un incendie de deux jours que la population n'avait pas pu combattre en raison du dynamitage d'une arche du pont Wilson (dit « le pont de pierre ») qui abritait des conduites d'eau. Il fallut plus d'une journée pour créer les éléments du pompage directement dans la Loire. Le feu avait déjà dévasté 12 hectares de la ville, principalement dans les quartiers commerçants. La Wehrmacht entra dans Tours le 21 juin. Mille trois cents familles étaient sans logis. Après l'armistice du 22, la région, Candé compris, se retrouva en zone occupée.

Il fallait rétablir le pont et la distribution d'eau, déblayer les ruines (200 000 m^3 de déblais), reloger les sans-abri[1]. Le commissariat à la Reconstruction, mis en place par le gouvernement Pétain, balbutiait et l'armée d'occupation avait d'autres urgences. Immédiatement, Charles Bedaux mobilisa les moyens dont il disposait pour aider les Tourangeaux et les autorités locales à réparer ce qui pouvait l'être rapidement. Il élabora un plan d'action, engagea des ouvriers sur sa cassette et dépêcha sur place les véhicules dont il disposait, dont la Buick qui lui avait servi lors de ses expéditions africaines. Assisté de Marcel Grolleau, il prit en quelque sorte la direction des premières actions de déblayage. Avec le bois du domaine de Candé, il lança la production de combustible pour les premiers véhicules à gazogène. Il soutint encore la remise en état de plusieurs usines afin que les ouvriers locaux puissent retrouver un emploi et un revenu.

Un quart de siècle plus tard, sur proposition de son maire Jean Royer et par une délibération du 11 juillet 1966, la ville de Tours honora l'action de Bedaux en donnant son nom à une avenue du quartier de Menneton. Elle fut débaptisée en novembre 2018, le maire Christophe Bouchet estimant que le patronyme d'un « collaborateur proche des nazis durant la Seconde Guerre mondiale » n'était plus acceptable et que son lointain prédécesseur à la mairie avait commis

1. Tours sera encore bombardée en janvier et juin 1944. Elle sera détruite à 52 % et Saint-Pierre-des-Corps à 90 %.

« une terrible erreur historique ». Les édiles n'avaient probablement pas étudié le dossier à fond et s'étaient fondés sur la réputation de l'ancien bienfaiteur de la ville. On remplaça le nom de Bedaux par celui d'une incontestable résistante et déportée, Thérèse Voisin, qui méritait évidemment qu'une voie lui rende hommage. La presse locale s'en réjouit dans quelques papiers bâclés. À l'appui du changement de dénomination, elle cita le témoignage de la fille d'un ancien employé de Candé regrettant que Bedaux n'ait jamais eu le moindre mot gentil pour elle. Cela ajoutait sans doute à la gravité des « fautes » de l'ancien propriétaire du domaine !

Le « proche des nazis » se vit notifier à l'automne 1940 que sa société d'Amsterdam était confisquée et que tous les fonds dont elle disposait étaient gelés. Désireux de mettre la main sur les entreprises européennes de son ancien patron, Albert Ramond était semble-t-il derrière cette péripétie. Charles accourut et fit valoir qu'il était américain, donc ressortissant d'un pays neutre. Il ne parvint qu'à éviter l'indélicat raid de Ramond, mais ne récupéra pas son bien, le motif de la confiscation étant désormais qu'il représentait des intérêts « étrangers ». Pour sauver ses derniers meubles, il créa une filiale personnelle à Madrid et laissa pour de bon la Société française Bedaux à son frère Gaston.

L'aventure du « système B. » originel touchait à sa fin. Toujours en mouvement et en réflexions, Bedaux ne s'en contentait pas. Il lui fallait rebondir. Et puisque la seule voie de sauvetage passait par Vichy, alors va pour Vichy !

19

Complice de la « trahison » des Windsor ?

Comme on l'en a soupçonné et comme on l'en accusera, Charles Bedaux était-il un espion du Reich au moment même où il quittait le service de la République troisième du nom et entrait à celui de l'État français ? La question ne trouve pas de réponse aussi nette qu'on l'a prétendu. La documentation est rare et contradictoire, sans parler des faux qui ont circulé et des interprétations oiseuses de ceux qui veulent absolument charger l'inventeur du « système B. ». Tout prend ici sa source autour de la « trahison » du duc de Windsor. Celui-ci était de notoriété publique admirateur d'Hitler et de sa clique. Partant de cette réalité, il lui a été depuis reproché de les avoir aidés au début de la guerre, notamment en leur communiquant des renseignements sensibles sur le dispositif militaire franco-anglais. Ces informations leur auraient permis de réorienter leur offensive de juin 1940 sur les Ardennes. Dans ses agissements, Bedaux aurait servi d'agent de liaison du duc avec Berlin et, dans la version la plus invraisemblable, aurait livré verbalement à Hitler le résultat des observations de l'ex-roi, lors d'une visite à la Chancellerie. C'est la thèse développée notamment par Martin Allen dans l'ouvrage qu'il a consacré au *roi qui a trahi*, au début des années 2000. Se dégage depuis une petite musique qui reprend l'air de la calomnie. Car, malgré cet ouvrage et ceux qu'il a inspirés, la livraison d'informations sensibles n'a *jamais* été formellement prouvée.

Concernant Charles Bedaux, remarquons la contradiction entre son activité supposée d'espion allemand et les efforts qu'il déploya auprès de Dautry pour améliorer et augmenter la production française d'armements. Il aurait pu, certes, être une sorte d'agent double donnant d'une main aux Français les moyens de se battre contre l'Allemagne et, de l'autre, au stratège en chef nazi ceux de balayer la coalition franco-britannique. Le paradoxe est tout de même difficile à soutenir. Il l'est encore davantage lorsqu'on constate que, loin d'en avoir été récompensé par les vainqueurs, il en subira les foudres : confiscation de la maison mère d'Amsterdam, mise en sommeil de la SFB, occupation de Candé, etc.

Ignorant volontairement ces données, les imputations d'Allen contre Bedaux paraissent surtout destinées à soutenir son accusation principale : la « trahison » des Windsor. Ayant du mal à l'étayer, il fait entrer en scène un personnage dont la réputation a été construite par une historiographie pressée, se servant presque exclusivement des « enquêtes » de presse qui ont suivi sa mort, réorientées par les services américains pour justifier une arrestation faiblement fondée sur le plan juridique. En gros, pour cet auteur, le brouillard autour de Charles ne peut être dissipé qu'en considérant qu'il était à la solde du Reich, et qu'il l'était parce que tout le monde ou presque le dit. Comme il ne trouve pas d'autres points de passage des informations de l'ex-roi au Führer, Allen se sert des mystères qui entourent Bedaux pour soutenir sa thèse.

Vivant leur exil doré dans un hôtel particulier du boulevard Suchet, en bordure du bois de Boulogne, les Windsor étaient restés proches de leurs interlocuteurs allemands après leur voyage de 1937. Ils voyaient moins les Bedaux, mais sans avoir rompu. Wallis poursuivait sa correspondance avec Ribbentrop, tandis qu'Edward ne cachait pas plus qu'auparavant son admiration pour le système hitlérien. Il répétait à qui voulait l'entendre ses ambitions d'un *come-back* dans son pays à la faveur d'une grande crise, et pourquoi pas comme président d'une république anglaise.

La déclaration de guerre surprit le couple sur la Côte d'Azur. Les choses devenaient sérieuses et, pour les autorités britanniques, il fallait les rapatrier, tant pour les mettre à l'abri que pour les empêcher de faire ou dire des bêtises. Ils acceptèrent de rentrer à Londres après de pénibles tractations, l'ex-roi exigeant d'être logé au château de Windsor, de conserver son grade honorifique de Field Marshal et de bénéficier d'un protocole royal. Tout lui fut refusé et il fallut un peu le menacer pour qu'il franchisse enfin la Manche. Là, George VI se rendit vite compte de l'inconvénient qu'il y avait à voisiner avec son incontrôlable frère et prédécesseur. On se gratta la tête avant de trouver une mission qui lui convienne. Il fut nommé au sein de la mission militaire britannique en France, avec le grade de major général, en « garnison » avec sa femme au Trianon Palace de Versailles, établissement qui était loin de ressembler à une caserne, même en ces temps troublés. Il put donc effectuer une tournée derrière les lignes françaises pendant la « drôle de guerre » que les Anglais appellent *The Phoney War* (« fausse guerre ») ou *The Bore War* (« guerre de l'ennui »).

Avant cela, le 3 octobre 1939, les Windsor et les Bedaux avaient partagé un dîner au Ritz. En se fondant sur les Mémoires de l'aide de camp du duc, « Fruity » Metcalfe, qui subodorait quelque chose de louche, Martin Allen affirme que cette rencontre faisait partie d'un vaste plan d'espionnage au profit de l'Abwehr, le service de contre-espionnage de l'armée allemande dirigé par le fameux amiral Wilhelm Canaris. Il produit plusieurs documents des services secrets anglais, hollandais ou français pour appuyer ce qui n'est au départ qu'une intuition. L'ennui est qu'une enquête de la police britannique a montré qu'au moins une vingtaine de ces « preuves » étaient des documents fabriqués. On ignore si Allen est à l'origine de leur confection (il ne fut pas condamné) ou si les faux ont été introduits dans les archives avant ses recherches (mais dans ce cas à quelles fins?). Quoi qu'il en soit, cette existence des faux rend peu crédible la suite de la démonstration de l'historien concernant Bedaux, le duc et la duchesse de Windsor.

Ainsi, on aura du mal à croire que, comme l'affirme Allen, Bedaux se rendit à Berlin le lendemain du dîner du 3 octobre, sous-entendu pour informer « les Allemands » (on n'en saura pas plus) de tout ce qu'il savait à la suite de ses voyages européens et même ce qu'Edward lui avait dit… alors que son inspection du dispositif allié n'avait pas commencé. Qui plus est, Allen semble ignorer – ou oublie de mentionner – qu'au moment de cette rencontre, Charles avait été embauché avec ses ingénieurs par le gouvernement Daladier pour améliorer la production d'armements et qu'il se consacrait avec sa fougue habituelle à cette tâche. Il participait donc à l'effort de guerre français contre l'Allemagne, à un moment où personne ne pouvait imaginer que celle-ci sortirait vainqueur de l'affrontement. Ajoutons qu'on ne voit pas trop comment il aurait pu se rendre à Berlin, même en profitant de son passeport américain, en passant par Amsterdam puis Cologne, alors que les communications aériennes et ferroviaires avec l'ennemi étaient sinon entièrement coupées, au moins surveillées. Quand bien même serait-il parvenu à se rendre dans la capitale du Reich, peut-on croire que les services de renseignements ne l'auraient pas su[1] ? D'ailleurs, en 1943, lorsque Bedaux sera poursuivi par le FBI pour ses activités pendant la guerre, il ne sera jamais question d'un tel voyage, quand bien même le patron du Bureau, J. Edgar Hoover, le considérait comme « pro-allemand ».

Qu'à cela ne tienne, Allen estime que c'est par le truchement de Bedaux que l'ex-roi a « trahi ». Il avance même un second voyage à Berlin, le 9 novembre 1939, au cours duquel, cette fois, l'agent de liaison aurait rencontré Hitler en personne, introduit à la Chancellerie

1. Compte tenu du caractère sensible de sa mission, les renseignements militaires français surveillaient évidemment la Société française Bedaux. Ils firent d'ailleurs licencier puis arrêtèrent une secrétaire de l'entreprise qui avait vécu en Allemagne et était (ou avait été) la maîtresse d'un officier apparemment membre de l'Abwehr.

par Goering et en présence d'Albert Speer. Il aurait été porteur d'une lettre du duc de Windsor demandant au Führer de l'écouter. Aurait suivi un exposé détaillé de Bedaux sur le dispositif allié. Outre qu'une telle rencontre dérogerait à toutes les pratiques habituelles du dictateur, on fera remarquer que, le 9 novembre, le Führer n'arriva dans sa capitale, en provenance de Munich, qu'en milieu d'après-midi. Il eut alors une réunion avec son état-major et aucun document ne signale qu'il ait à ce moment reçu le Franco-Américain ni quelque étranger que ce soit. Allen nous dirait que c'est normal : le rendez-vous était secret. Hitler avait prononcé la veille le discours d'anniversaire du coup d'État manqué de 1923, à la brasserie de la Bürgerbräukeller. Il s'était éclipsé avant la fin des festivités... ce qui lui avait permis d'échapper à l'attentat à la bombe fomenté contre lui par Georg Elser. L'explosion avait fait huit morts et une vingtaine de blessés. Et quand bien même, en dépit de l'absence de tout document ou témoignage sur ce point, il aurait accueilli secrètement Bedaux, ce ne sont sans doute pas les renseignements qu'il était supposé tenir du duc de Windsor qui changèrent le cours de l'histoire.

Allen prétend pourtant que ces informations inquiétèrent l'état-major allemand car elles laissaient supposer que les Franco-Britanniques pourraient bientôt lancer l'offensive vers la Ruhr, en passant par la Belgique et la Hollande, sorte de plan Schlieffen à l'envers. C'est à ce moment qu'Hitler aurait convaincu ses généraux d'attaquer les premiers par la même voie. Cette interprétation ne correspond pas au véritable calendrier des décisions allemandes. Si, dans un discours à l'état-major le 23 novembre, le Führer évoqua bien le danger d'une attaque alliée sur la Ruhr, danger dont les militaires allemands s'étaient aperçus sans avoir besoin de Bedaux, il ne le fit que pour justifier la future violation de la neutralité belge et hollandaise qu'il préparait. C'est à la mi-janvier 1940 que l'attaque du printemps fut décidée, deux bons mois après la visite secrète alléguée par Allen. Le plan comprenait la ruée dans les Ardennes en même temps que l'offensive de diversion en Hollande et en Belgique. Il fut définitivement arrêté le 24 février. Enfin, avec l'historien français Éric Branca dans son ouvrage sur les « liaisons dangereuses entre l'Angleterre et le IIIe Reich », on remarquera que, même bien accueilli par les généraux français, le duc n'avait guère obtenu de leur part d'informations confidentielles et sûrement pas un plan d'attaque aussi ambitieux. On ne livrait pas de tels secrets à n'importe qui, fût-il membre de la famille royale de la puissance alliée. En tout état de cause, surveillé comme il l'était par les services anglais, américains et français, ses faits, gestes et dires étaient parfaitement connus à Londres, où il n'inspirait que de la méfiance. La preuve en est qu'on l'évacua peu après du théâtre européen en le nommant gouverneur des Bahamas[2].

2. Après la défaite de la France, les Windsor se retirèrent au Portugal, pays neutre mais considéré comme ami de l'Allemagne. Le duc s'y livra encore à d'imprudentes déclarations, si bien que, autant pour le protéger que pour l'éloigner, Churchill le força à accepter les fonctions de gouverneur des Bahamas. Il ne s'y comporta guère mieux que par le passé, tant sur le plan personnel que politique. Au moins parvint-il à sauver sa réputation aux yeux de l'opinion publique. La mise au secret des documents prouvant ses turpitudes y contribuera grandement.

Pas plus qu'en 1937, rien ne prouve que Bedaux fût appointé à ce moment par l'Abwehr[3]. Il travaillait à la victoire de la France et de l'Angleterre. Qu'il ait revu le duc de Windsor n'a rien d'extraordinaire, compte tenu de leur passé commun et de l'ambition de l'entrepreneur de se croire capable de se mêler des questions internationales. Qu'Edward lui ait fait quelques confidences ne serait pas plus étonnant, mais il ne pouvait pas lui livrer le plan d'attaque préventive français, qui fut en effet étudié par l'état-major en novembre 1939, avant d'être abandonné. Qui plus est, sans aller jusqu'à la livraison d'informations sensibles, rien ne permet de démontrer que notre personnage ait approuvé ou aidé en quoi que ce soit le projet de paix séparée et même d'alliance anglo-allemande dont l'ex-roi rêvait, hélas parfois à voix haute. Faute de preuves décisives, le reste ne paraît être que tricotage de faits et de documents épars auxquels on fait dire ce que l'on veut lorsqu'on en a besoin. C'est hélas souvent le cas des chercheurs de mystères et de complots, pour qui les vessies se transforment en lanternes sous le coup de leur baguette magique.

À l'automne 1940, en revanche, une fois la défaite de la France consommée, Bedaux entra bien en relation avec les autorités d'occupation. Il rôdait sans soutiens dans les lieux à la mode lorsqu'il retrouva – par hasard, dira-t-il – Josef von Ledebur, alors officier de la

3. On possède un rapport de l'avocat allemand de Bedaux signalant à l'Abwehr le « potentiel » de son client en matière de renseignements. Il date de 1939, ce qui montre qu'il était jusqu'alors passé inaperçu des services secrets militaires.

Wehrmacht. Celui-ci lui ménagea une rencontre avec Otto Abetz, ambassadeur à Paris depuis le mois d'août. Les deux hommes s'étaient déjà rencontrés en 1937, lors des préparatifs du voyage des Windsor, et début 1939, lorsque Bedaux essayait de se faire indemniser de la confiscation de ses sociétés par les nazis. Abetz avait milité pendant de nombreuses années pour un rapprochement franco-allemand et était considéré, à tort mais on ne le sut que trop tard, comme un modéré cherchant à arrondir les angles entre les deux puissances, par les échanges culturels et les rencontres des deux jeunesses. Bedaux et lui se retrouvèrent avec plaisir, sans pour autant que les affaires du premier s'en ressentent positivement. Mais l'entrepreneur venait de mettre le doigt dans un dangereux engrenage, quand bien même nombre de ses interlocuteurs allemands habituels ne portaient pas les nazis dans leur cœur.

Sensible aux difficultés de logement rencontrées par les ingénieurs-Bedaux, Abetz le présenta au général Carl-Heinrich von Stülpnagel, gouverneur militaire[4]. Quelque temps plus tard, Charles croisa dans une soirée chez André Dubonnet, patron des spiritueux du même nom, le colonel Franz Medicus, chargé du logement, des expropriations et de l'immobilier dans la capitale française. Médecin et juriste, membre du parti nazi depuis 1937, ce polyglotte érudit prit à son tour Bedaux en sympathie. Il facilita le relogement de ses employés (80 étaient concernés, dont Duez) en

4. Il était un des animateurs de la branche antihitlérienne de la Wehrmacht et se donnera la mort après l'attentat contre Hitler du 20 juillet 1944.

échange de l'embauche de quelques militaires allemands, évidemment pour qu'ils puissent fureter dans les dossiers industriels conservés à la SFB. Il obtint l'évacuation de Candé, moyennant des informations sur les grandes sociétés qui avaient adopté le « système B. » et, peut-être – on l'en accusera –, sur les exploitations pétrolières de Standard Oil au Moyen-Orient. En échange, bien qu'il eût participé à la préparation des lois antisémites de Nuremberg, Medicus ferma les yeux, pendant toute la guerre, sur la judéité de certains collaborateurs de Bedaux (dont Alexandra Ter Hart, qui sera même aryanisée grâce à lui en février 1942) et sur les prises de participation fictives dans des entreprises juives. Cerise sur le gâteau, Charles obtint les papiers nécessaires pour franchir à sa guise la ligne de démarcation. Plusieurs personnes – dont Marcel Grolleau, futur colonel dans la Résistance – témoigneront des risques fréquents qu'il prit pour protéger ses amis et associés, finissant par attirer défavorablement l'attention de la Gestapo. Cette dernière n'eut heureusement pas vent des petites actions de sabotage des ingénieurs de la SFB au sein de certaines industries, comme la fabrication des motocyclettes dans la région parisienne ou la réparation navale aux Chantiers de la Gironde. Ils ne pouvaient agir sans que leur patron en ait au moins vent. Il ne contrecarra pas ces petits actes de résistance.

Bedaux se refusait à la collaboration totale avec l'Allemand, mais ne rechignait pas à obtenir de lui des facilités et des avantages. Il dira plus tard « qu'il n'y avait qu'eux pour passer des marchés ». Son attitude était semblable à celle de millions de Français abasourdis par

« l'étrange défaite » qui tentaient de se débrouiller, à cette notable exception près que lui jouissait d'un accès privilégié aux étages élevés de la pyramide. Au demeurant, le retour sur investissement resta faible. Pourquoi l'occupant serait-il allé au-delà de ces petits services et bonnes manières? Même ceux qui n'aimaient pas les nazis fanatiques ne pouvaient favoriser en zone occupée une méthode de management toujours suspecte sur le territoire du Reich. Si Bedaux avait rendu d'aussi grands services que le prétendent ses accusateurs, il aurait été au moins un peu avantagé. Il n'en fut rien. Bien au contraire.

20

« L'homme choisi par le Maréchal »

Partageant sa vie entre Candé et Paris, Bedaux avait inconfortablement vécu les premiers temps de l'Occupation. Il avait dû renoncer à sa suite au Ritz, dont une partie servait à héberger l'état-major de la Luftwaffe (la suite Impériale était pour Goering) et de la Wehrmacht. Fern et lui avaient migré vers d'autres établissements, tels le George-V ou le Plaza Athénée, détenus par François Dupré… dont l'épouse, dit-on, ne refusa pas ses faveurs à notre « sans domicile fixe » de luxe. Le siège de la Société française Bedaux avait un temps servi de dortoir à ses ingénieurs sans logement à Paris. Le chiffre d'affaires s'était effondré et avec lui les royalties. Les perspectives étaient sombres. Mais Bedaux avait plus d'un tour dans son sac. Il n'entendait pas subir cette déchéance sans réagir, bien au contraire.

Depuis l'époque de son *burn out* consécutif à son exclusion de ses compagnies américaines et anglaises, il voulait tirer les leçons de ses échecs industriels, essentiellement dus au rejet du chronométrage. On se souvient que, dès ses voyages d'exploration, à l'aube des années 1930, il réfléchissait à une redéfinition de sa méthode d'organisation du travail. Au repos forcé en Bavière puis en Sicile, il avait imaginé pouvoir donner plus de pouvoirs aux ouvriers dans leurs entreprises. C'est ainsi qu'était né ce qu'il appela l'« équivalisme ». En résumé, celui-ci devait aboutir à fixer le prix de toute chose en fonction du travail et de l'effort humain, en allant jusqu'à se débarrasser progressivement de la rémunération du capital, sinon du capitalisme lui-même. Il distinguait désormais nettement l'entrepreneur – allié naturel de l'ouvrier – du capitaliste, qui gagnait son argent sans participer directement à l'acte de produire. Partant, avec sa nouvelle méthode, chacun serait rémunéré en fonction de l'effort qu'il avait apporté, d'où une adhésion renforcée de tous au but productif commun. Pour cela, une nouvelle unité était nécessaire : le « point B. » était remplacé par le « Bex », dont nous ferons grâce de la description mathématique à nos lecteurs. À terme, le monde ouvrier et syndical, qui s'était tant opposé au « système B. », finirait par faire siens ses préceptes, par un mariage entre la carpe du profit et le lapin de son équitable partage entre les acteurs. Toujours ennemi du communisme, Bedaux flirtait avec les socialistes utopiques du XIXe siècle, dont il avait avidement lu les œuvres. Avec sa théorie, la fin de la lutte des classes était à portée de main. Allant plus loin, il rêvait encore à son application à une nation entière. N'ayant pas pu le faire en Turquie ou en Grèce, il se voyait profiter de la Révolution nationale proclamée par l'État français pour tenter sa chance en France.

L'équivalisme pouvait sonner agréablement aux oreilles des tenants du programme incarné par le maréchal Pétain.

Il pouvait participer à la fondation d'une nouvelle société, depuis les institutions jusqu'aux mœurs, en passant par le travail et la production. Bedaux se voulait complémentaire du régime des Comités d'organisation fondés par la loi du 16 août 1940, destinée à mettre fin au face-à-face entre les patrons et les syndicats. Il s'adaptait parfaitement au corporatisme, qui entendait déléguer aux professions leur organisation, avec pour but une production soumise à l'intérêt général. L'équivalisme était enfin conforme à la loi du 18 septembre 1940 qui supprimait l'irresponsabilité des actionnaires des sociétés anonymes, les plaçant dans la catégorie juridique des commerçants, avec tout ce que cela impliquait d'extension de leur responsabilité.

Les idées de Bedaux eurent immédiatement l'oreille du chef de l'État, qu'il avait rencontré plusieurs fois dans les années 1920 et 1930, et, partant, celles de la presse vichyste, particulièrement les patrons d'*Aujourd'hui*. Fondé à Paris en juin 1940 par l'essayiste pacifiste Henri Jeanson, paraissant sous sa direction à partir de septembre, ce quotidien fut débarrassé de son créateur en novembre par l'occupant au motif qu'il avait refusé de s'en prendre aux Juifs dans ses colonnes. Désormais sous la coupe de Georges Suarez, le journal se vautra dès lors dans l'antisémitisme, le soutien au gouvernement du Maréchal et la collaboration la plus éhontée. Probablement actionné par l'entourage du Maréchal, il prit nettement parti pour les « contributions singulièrement intéressantes » de Bedaux, décrété le seul à être capable d'améliorer la production (2 août 1941) et plus tard le chantre de « l'association » patrons-ouvriers (25 juillet 1942), sans parler du soutien de la rédaction au grand projet transsaharien dont nous parlerons bientôt. Il vaut mieux parfois ne pas avoir de tels soutiens, mais tout à son projet, Charles n'en avait cure.

En homme du monde qui avait écumé toutes les grandes soirées et *parties* des années 1930, il connaissait, parfois de longue date, tous ceux qui menaient la Révolution nationale. Le secrétaire général à la Production industrielle (et ancien directeur de cabinet de Raoul Dautry), Jean Bichelonne, le ministre des Finances, Yves Bouthillier, et celui des Affaires étrangères, Paul Baudouin, ne pouvaient négliger un homme qui les avait toujours gâtés et qu'ils avaient vu à l'œuvre en 1939-1940. Malgré tout ce qui avait pu les opposer à l'époque du Front populaire, Charles avait conservé d'excellentes relations avec l'ancien cégétiste anticommuniste René Belin, rallié au Maréchal et ministre du Travail depuis juillet 1940. Il travaillait encore avec Eugène Schueller, le patron de l'Oréal, ancien financier de la Cagoule, très intéressé par l'équivalisme et désireux de l'utiliser pour ses propres travaux économiques au sein du Mouvement social-révolutionnaire qu'il soutenait. Le journaliste précocement collaborationniste Jean Luchaire, le délégué du gouvernement à Paris, Fernand de Brinon, et sa femme Lisette (dont il employait le fils, Pierre-Jérôme Ullmann)[5] étaient parmi ses relations les plus anciennes.

---

5. Lisette Franck était née juive et s'était mariée avec un de ses coreligionnaires, le banquier Claude-André Ullmann. Ils avaient eu deux fils. Lisette divorça en 1933 et se convertit au catholicisme par amour pour Brinon qu'elle épousa l'année suivante. Après la défaite de 1940 et pour lui éviter des ennuis, Bedaux engagea Pierre-Jérôme à la SFB. Il suivra son patron pendant toutes ses nouvelles aventures du début des années 1940.

Surtout, il pouvait compter sur Pierre Laval, en raison de l'amitié de Fern avec sa fille, Josée de Chambrun[6]. Les deux hommes s'étaient souvent rencontrés, à Paris, à Châteldon et dans la capitale provisoire des bords de l'Allier. Josée passait parfois par Candé, tandis que les Bedaux ne manquaient jamais l'occasion de la retrouver.

Le nouvel ami allemand de Laval n'était autre qu'Otto Abetz. Ancien social-démocrate passé au nazisme, celui-ci militait, parfois contre les désirs de Berlin, pour faire monter aux responsabilités les anciens de la gauche modérée et des syndicats réformistes français. Pour faire simple, il préférait Marcel Déat, ancien de la SFIO puis animateur de mouvements farouchement anticommunistes, à Jacques Doriot, ancien du PCF encore trop rouge à son goût. Pour le vice-président du Conseil français comme pour l'ambassadeur allemand, l'équivalisme pouvait avoir un double avantage : remettre en selle les organisations ouvrières désormais en laisse et permettre à la production de se rétablir – elle avait baissé de 60 % par rapport à 1938 – afin que la France puisse plus facilement s'acquitter de ses colossaux frais d'occupation. Laval se laissa facilement convaincre et ouvrit grand les portes des ministères et administrations vichyssois à Bedaux, tandis que Brinon et Abetz faisaient de même à Paris. Preuve de l'étendue de son entregent, notre homme ne fut pas gêné par la chute de l'Auvergnat en décembre 1940 : Brinon, Bichelonne, Baudouin et Belin conservaient de hautes fonctions auprès du nouveau dauphin, l'amiral François Darlan.

6. Josée Laval était mariée depuis 1935 à René de Chambrun, un descendant de La Fayette.

Tout ce petit monde était régulièrement visité par Bedaux à Paris ou à Vichy, et même mélangé dans quelques réceptions champêtres à Candé avec Medicus et Abetz. Les employés de l'ambassade américaine, revenus après la restitution du château à leur compatriote, se mêlaient sans retenue aux agapes et aux parties de golf. Pour l'anecdote, c'est dans le domaine que l'actrice Arletty vint se mettre au vert une semaine pour préparer le tournage des *Visiteurs du soir*, en compagnie de son amant, le magistrat militaire Hans Jürgen Soehring. Cette intense activité de relations publiques sera reprochée plus tard à Bedaux, de même que la levée du séquestre sur son château par les Allemands, un mois après sa seconde confiscation à la suite de l'entrée en guerre des États-Unis, en décembre 1941[7].

Bedaux avait aussi des adversaires au sein du gouvernement de Vichy. On l'accusait de faire partie du « Mouvement synarchique d'Empire », qui unissait la banque internationale (dont Worms), les supporteurs de la rationalisation du travail (dont Ford), avec, disait-on, la complicité de certains ministres, tels Bouthillier, Jacques Barnaud, François Lehideux ou Pierre Pucheu, voire de Darlan. On soupçonnait cette association de vouloir faire échouer la Révolution nationale pour assurer le triomphe d'un contrôle économique unique. En somme, la vieille rengaine d'une conspiration mondiale

7. Signalons que le camp des ouvriers de la poudrerie voisine de Candé, appelé La Lande, sera transformé en 1941 en camp d'internement des Juifs évacués d'Alsace-Moselle. Des communistes les y rejoindront à partir de 1942. Les détenus seront transférés à Poitiers en juillet 1944.

dont, pour une fois, la « finance juive » était exclue. Dans l'ouvrage qu'il lui a consacré, Olivier Dard conclut que « la Synarchie est une mystification, une fable ». Cela n'empêcha pas qu'elle fût prise au sérieux et même présentée comme un grave danger dans des notes officielles adressées au maréchal Pétain, dont une, signée du directeur général de la Sûreté nationale, Henry Chavin. Ce document a été repris par les historiens convaincus de l'existence de la conjuration, en parallèle des Souvenirs d'Henry du Moulin de Labarthète, directeur du cabinet civil du chef de l'État, qui admet la réalité d'une « Synarchie », alliée à la fois de la Cagoule et du « complot judéo-maçonnique » (le revoici !)..., mais non constituée en « mouvement ». Plusieurs rapports des Renseignements généraux y mêlèrent Bedaux, dont le système d'organisation du travail et les relations avec les plus grandes entreprises répondaient aux buts de la supposée conjuration des technocrates. Le fait qu'il ait fréquenté ceux que l'on accusait de tirer dans l'ombre les ficelles ne permet de conclure ni à l'existence de la Synarchie ni évidemment à sa participation. Sans doute faisait-il simplement partie d'un groupe d'hommes liés par leurs intérêts et la conviction que la technocratie devait remplacer le régime parlementaire, voire le pouvoir politique tout court.

Bien accueilli par Abetz, soutenu par Vichy, Bedaux reprenait espoir. Bichelonne et les technocrates qui entouraient Darlan étaient adeptes du chronométrage, meilleure voie selon eux pour remonter la production. Sans le dire officiellement, le « système B. » avait à nouveau le vent en poupe et, au moins, les conseils de son créateur étaient indispensables.

L'équivalisme plaisait tout autant dans les palaces des bords de l'Allier, si bien que Pétain en personne ordonna, en mars 1941, qu'une expérience pilote soit menée à la Société des papeteries de Roquefort, dans les Landes, en zone occupée. Principale activité d'une commune de 1 200 habitants, ce gros atelier de fabrication de sacs en papier devait être au centre d'une expérience allant jusqu'au remplacement de la monnaie par le « Bex ». Bedaux devenait, selon *Le Matin*, « l'homme choisi par le Maréchal ». Les Allemands ne s'y montrèrent pas hostiles, tant ils avaient besoin d'augmenter la production française pour alimenter leur propre effort de guerre.

Les journaux s'emparèrent du projet dès son origine. Ainsi, lors d'un des premiers déplacements de Bedaux dans les Landes, *Paris-Soir* du 16 mars publia une grande photo de lui montant dans sa voiture à gazogène, premier tour de roue vers un renouveau de l'industrie papetière. En juillet, lorsque le Maréchal doubla son soutien d'un texte officiel, Charles précisa ses projets dans plusieurs feuilles proches du gouvernement. Il affirmait avoir trouvé la formule d'un « capitalisme dans le communisme », avec comme principe la libre entreprise débarrassée de la rémunération du capital et une société nouvelle fondée sur la mutualisation des revenus et des besoins. Il se voyait créer des nouveaux logements pour les ouvriers, une sécurité sociale et un revenu minimum, couronnant l'entente entre les classes[8]. Travail

8. Pour la construction des logements ouvriers, Bedaux établit même un plan de réutilisation de matériaux provenant de la ligne Maginot.

et talents vaudraient autant que le capital, en somme. C'était du socialisme utopique au cœur du XXe siècle et des malheurs du monde. Si les résultats étaient au rendez-vous, Pétain et ses ministres économiques se disaient prêts à étendre la méthode à l'ensemble du territoire. Une équipe d'ingénieurs se rendit sur place, avec Grolleau à sa tête, et leur patron vint leur prêter main-forte à plusieurs reprises. Ils prirent en main la papeterie et le développement de l'arboriculture locale en organisant la replantation jusque-là négligée des pins, matière première de la pâte à papier locale. L'expérience n'ira guère plus loin. Après neuf mois de travail, les Allemands la stopperont non parce qu'elle relevait du rêve – ce qui était un peu le cas –, mais parce que le concessionnaire était américain. La guerre entre le Reich et les États-Unis avait été déclarée et il n'était plus question de travailler avec un ressortissant d'un pays belligérant. On verra que la règle pouvait supporter des exceptions.

Bedaux n'en ressentit qu'un léger dépit. Il avait depuis ses premiers contacts avec les autorités de Vichy découvert un nouveau projet, celui-ci pharaonique donc, pensait-il, à sa mesure et digne de lui. Il était décidé à s'y consacrer corps… et âme.

21

Kenadsa

Pendant la « drôle de guerre », Bedaux s'était rendu en Algérie pour inspecter les mines de Kenadsa, ce dont les hommes de cabinet de Vichy se souvinrent. Ils le sollicitèrent pour y retourner voir comment on pourrait stimuler la production de charbon, denrée rare en Métropole à cette époque, d'autant plus que les grands bassins houillers du Nord et de l'Est étaient entre les mains des Allemands qui s'y fournissaient par trains entiers. Ce second voyage eut lieu en octobre 1940, avec l'autorisation expresse du Maréchal. Le général Weygand, délégué général du gouvernement en Afrique du Nord, devait officiellement prêter assistance à l'envoyé de Vichy. Ainsi fut fait pour cette reprise de contact avec le tissu économique algérien. Trois semaines plus tard, Charles et Gaston Bedaux rendirent compte de cette mission à Pierre Laval. Selon le compte rendu que fit le second de leur déjeuner, on y parla un peu de tout, à commencer par la rencontre Pétain-Hitler qui avait eu lieu quelques jours plus tôt à Montoire. Tout en raillant le vieux chef qui le lui rendait au centuple, le vice-président du Conseil se déclara ferme partisan de la Collaboration. L'affaire des mines sud-oranaises fut enfin abordée, et les Bedaux parvinrent à convaincre l'Auvergnat qu'une dose de houille permettrait de lubrifier ses relations avec l'occupant en même temps qu'elle aiderait à la survie de la zone sud et de l'empire d'outre-Méditerranée. Laval signa dans les jours suivants un ordre de mission officiel à Bedaux qui lui avait écrit pour le remercier du déjeuner : « Si vous, avec votre brillante intelligence, et moi, avec mon expérience universelle, sommes capables de travailler ensemble, nous serons capables de travailler ensemble à la Nouvelle Europe qui sortira de l'homme de demain. » Le coup d'envoi de cette affaire aussi inouïe que sulfureuse était donné.

Les gisements de Kenadsa avaient été découverts à la fin du XIXe siècle et leur exploitation envisagée au début du suivant. On estimait à la fin des années 1930 que le gisement, réparti sur 5000 hectares, contenait plus de 2,5 millions de tonnes pour le siège de Kenadsa proprement dit et un million pour les sièges dits de Béchar-Djedid. Chaque siège regroupait plusieurs puits d'environ 600 mètres de profondeur et des possibilités de démarrer l'exploitation à ciel ouvert. Le charbon extrait était de qualité moyenne mais suffisante pour servir au chauffage et, comme appoint, dans la métallurgie.

Deux problèmes majeurs devaient être résolus. Le premier touchait au rythme de production qui, bien qu'amélioré depuis plusieurs années, pouvait, selon Bedaux, être considérablement augmenté en appliquant des méthodes d'organisation du travail calquées sur celles qu'il avait mises en œuvre aux mines d'Anzin.

On aurait ici moins de difficultés avec les 4000 à 5000 mineurs et ouvriers déjà employés, pour beaucoup des autochtones évidemment non syndiqués. Il ne se trompait pas. Si au démarrage de l'exploitation, en 1918, on avait extrait 4300 tonnes de houille par an, on était passé à 66000 tonnes en 1940. Avec un « système B. » sans entraves, on passera à 140000 tonnes en 1942 et 240000 en 1945, soit une production multipliée par quatre en cinq ans.

La seconde difficulté était de transporter le minerai jusqu'à la mer, à 500 km des mines, puis de le faire passer en métropole. Dès l'ouverture des puits, trente ans plus tôt, on s'en était préoccupé, et les premiers tronçons de chemin de fer avaient été créés pour relier les gisements à Bou Arfa, au Maroc, et Oran, en Algérie. Cette question du transport avait justifié, en 1922, que les Chemins de fer algériens de l'État se soient vu concéder l'exploitation des mines, à charge pour eux d'investir dans les voies ferrées. Tout cela avait traîné, en raison des difficultés techniques et du montant colossal des investissements. Ce n'est qu'en décembre 1939, à l'instigation de Raoul Dautry conseillé par Bedaux, que les mines furent déclarées priorité nationale, alors que la sidérurgie et la métallurgie métropolitaines manquaient de charbon. À ce moment, la voie ferrée s'arrêtait à Colomb-Béchar, à 25 km des premiers points d'extraction du siège de Kenadsa. La construction expresse des tronçons manquants fut décidée. On n'eut pas le temps de réaliser les travaux avant la défaite, mais les autorités de l'État français trouvèrent un dossier ficelé en arrivant au pouvoir.

Dès sa nomination en Afrique du Nord, Weygand produisit plusieurs rapports allant dans le sens d'une reprise et d'une accélération des travaux ferroviaires : mission Bedaux (octobre 1941), demande pressante du délégué général (février 1941) et, enfin, signature de la loi du 22 mars 1941 par laquelle Pétain ordonnait la construction définitive. Elle fut confiée à un nouvel acteur : la Société des chemins de fer Méditerranée-Niger ou Merniger. Son siège social était à Alger. Elle était dirigée par le polytechnicien Paul Ardouin et placée sous la tutelle du secrétariat aux Communications. Le titulaire de ce portefeuille était l'archétype du technocrate, Jean Berthelot, un polytechnicien ingénieur des Mines et ancien directeur général adjoint de la SNCF. La nouvelle voie englobait les tronçons existants mais on devait en créer de nouveaux, sur des dizaines de kilomètres, pour atteindre directement Bou Arfa et Oran, avec un nœud ferroviaire à Nemours (aujourd'hui Ghazahouet). La priorité était le nord du réseau, mais l'ambition était de développer aussi les communications vers le sud, Gao, Bamako et Dakar. L'investissement total était estimé à 6 milliards de francs et la durée des travaux à six ans pour l'ensemble mais à quelques mois seulement pour la jonction avec la mer. L'État était le premier investisseur au travers d'un emprunt de 350 millions auprès de banques françaises. Il finira par s'essouffler et par en appeler à l'investissement privé et à l'aide des États-Unis.

Charles Bedaux était mêlé au dossier des mines du Sud oranais et à son évolution depuis 1939. Dès la promulgation de la loi par Pétain, il s'en présenta, non sans exagération, comme le seul promoteur et même son futur réalisateur. Il y fut aidé par ses amis d'*Aujourd'hui*, qui lui consacrèrent leur une du 27 mars 1941 et récidivèrent trois jours plus tard. Avec un homme tel que lui, pouvait-on lire, l'affaire serait rondement menée. Lui-même cabotinait qu'il y en aurait pour dix-huit mois tout au plus pour en venir à bout et multiplier la production par six. Et le journaliste d'en rajouter : les baraquements des ouvriers seraient climatisés et leurs besoins en eau étaient déjà en voie d'être résolus. Ces vantardises obligeaient notre homme à ne pas se contenter de regarder les travaux de loin, mais à en être l'acteur principal, ce que les ingénieurs métropolitains et les industriels algérois n'admettront pas sans peine. Il multipliera les voyages sur place et finira par s'installer en Algérie. Cet investissement personnel ne sera pas sans résultats. Ainsi, il fera inscrire du matériel de chantier et ferroviaire dans les accords Murphy-Weygand sur les livraisons américaines à l'Afrique du Nord française, soit des engins de terrassement Caterpillar et douze locomotives. Avoir dans son équipe un Américain proche des diplomates américains était utile, compte tenu des circonstances.

Sous l'impulsion de Bedaux, sorte de chef d'état-major de l'ensemble, le chantier commença sans retard. Il ne le dirigeait pas mais l'inspirait. Le maître d'œuvre était Albert Giran, spécialiste des chemins de fer et directeur de Merniger. Weygand et l'amiral Charles Platon, secrétaire d'État aux Colonies, se rendirent plusieurs fois sur les lieux et purent célébrer en grande pompe l'ouverture de la ligne encore inachevée Béchar-Bou Arfa. La construction de deux centrales électriques au charbon fut lancée et un millier d'ouvriers embauché. *Aujourd'hui* n'informa pas ses lecteurs qu'on les logeait dans des baraquements sans air conditionné.

Jamais en peine de projets, Bedaux parlait aussi d'un oléoduc transportant l'huile d'arachide des zones de production subsahariennes aux ports algériens, le long de la voie ferrée en cours de construction. La Banque de Paris et des Pays-Bas (Paribas) se montra intéressée, de même que des sociétés allemandes productrices de lubrifiants pour l'industrie et l'armée. Plusieurs réunions eurent lieu sur le sujet à Paris, entre des représentants de Bedaux et des hommes d'affaires français comme allemands. Cette partie du grand plan fut prise très au sérieux par les occupants, qui promirent de la fonte (le besoin total était de 60000 tonnes), du matériel, une aide logistique et de la main-d'œuvre issue des camps de prisonniers. Un ingénieur des Ponts et Chaussées, Jean Rouelle, fut invité par Gaston et Charles Bedaux à produire une étude de faisabilité. Il partit pour l'Algérie et en revint enthousiaste. Pierre Laval, de retour à la vice-présidence du Conseil en avril 1942, en fut informé et donna son accord pour poursuivre les études au travers d'un « Syndicat d'études du continent africain pour le transport des huiles africaines ». Le tout se déroulait sous l'œil attentif de l'Abwehr dont un agent, connu sous le pseudonyme de « Nest Bremen », rédigeait des rapports évoquant la collaboration d'une certain « Charles » (peut-être Bedaux). Ce dernier informait le service d'espionnage de l'armée allemande de l'avancée du projet et promettait d'obtenir toutes les autorisations requises auprès du gouvernement français, en échange d'une aide financière et matérielle. Une fois encore, le roi des ingénieurs-conseils jouait avec le feu. Mais il voulait à tout prix mettre les meilleures chances de son côté.

Restait – tout de même – la production de charbon. Grâce au « système B. » (oublié l'équivalisme !), elle augmenta sensiblement dès sa prise en main par Bedaux. Il s'y consacrait sans compter. C'était sa nouvelle épopée et elle était favorablement regardée par toutes les parties. Si bien qu'en mars 1942, il devint le principal actionnaire de la Régie des charbonnages de Colomb-Béchar, chargée d'exploiter les mines de l'ensemble de cet immense bassin. Notre homme s'était bel et bien refait de l'autre côté de la Méditerranée, avec l'autorisation du gouvernement de Vichy, la coopération allemande et les encouragements des Américains.

Ces derniers étaient représentés sur place par Robert Murphy, une vieille connaissance. Il devait y appliquer la politique décidée à Washington par le président Roosevelt. En gros, il s'agissait d'attirer Vichy dans l'orbite étasunienne, en lui donnant de l'air sur le plan économico-financier, par des prêts et des livraisons. Les Américains pensaient ainsi s'ouvrir le commerce avec les colonies de l'Empire français jusqu'alors grevé de lourds droits de douane. Sur le plan géostratégique, une alliance avec le gouvernement français permettait aussi de préparer l'avenir et un probable conflit avec l'Allemagne en empêchant celle-ci de prendre pied outre-Méditerranée et en y préparant une sorte de protectorat américain.

Murphy s'était rapidement constitué un réseau d'amitiés et d'informateurs au sein des milieux industriels et militaires nord-africains. Ces visées n'allaient pas, on le sait, sans arrière-pensées antigaullistes et n'étaient pas exemptes d'ambiguïtés idéologiques. Le métier de ce diplomate particulier ne se pratiquait qu'en étouffant d'éventuels scrupules. En clair, si Vichy, préféré aux gaullistes soupçonnés de tentations dictatoriales, favorisait les intérêts américains, le soutien de Washington ne lui serait pas compté.

À la fois « anti-Boche », partisan de la Révolution nationale et résolument hostile à la France libre, Weygand comprenait fort bien ces enjeux. Il se méfiait autant des Allemands que des Américains, qui, chacun à leur façon et avec leurs armes, avait des vues sur l'Afrique française. Son souci le plus direct était de s'opposer à ceux qui, dans l'entourage du Maréchal, poussaient à une plus franche collaboration avec les vainqueurs, en même temps qu'il reconstituait une armée digne de ce nom. Avec l'accord presque enthousiaste de Darlan, il signa en outre avec Murphy un accord qui permettait le ravitaillement en urgence de l'Afrique du Nord en échange de la surveillance par des agents américains du trafic de ses ports et de la promesse d'une libération des prisonniers anglais du Maroc. L'aide n'était pas gratuite : des avoirs français furent saisis aux États-Unis pour financer les livraisons.

Résumons l'affaire industrielle. Concernant le projet transsaharien et des mines de Kenadsa, Bedaux avait obtenu à Vichy rien de moins que les soutiens de Pétain, Laval et Darlan, et en cascade de Baudouin, Bouthillier,

Lehideux (désormais chargé du développement de la Construction nationale) et Berthelot, qui plus tard se dédouanera en disant qu'il se méfiait de cet Américain « patronné » par les Allemands. Ces derniers étaient aussi entrés dans le financement, en complément de leurs manœuvres politiques, puisque, avec le soutien de Georg von Stauss et *via* la société sidérurgique Rheinische Stahlwerke, ils s'intéressaient au projet[1]. Quant aux Américains, encore en paix avec le Reich et désirant soutenir la France du Maréchal, ils s'immisçaient dans toutes les étapes.

Loin de se méfier de ce trop-plein de soutiens, Bedaux s'en glorifiait. Ses rapports étaient sans nuances. Il se vantait de satisfaire tout le monde. La France lui procurait de l'argent, l'Amérique du matériel, l'Allemagne du carburant et un jour peut-être les rails nécessaires à son chemin de fer. Sur le plan strictement industriel, le montage apparaissait parfait… mais ce fragile consortium dont Bedaux se flattait d'être l'animateur énergique et indispensable était sur le point d'exploser sur des questions qui dépassaient largement celles d'une voie ferrée, d'un pipe-line et de quelques puits de mine.

1. Stauss mourut quelques semaines plus tard, le 11 décembre 1942.

22

Mélange des genres

Dans le dossier complexe des relations entre Vichy et les États-Unis, Bedaux voguait avec des idées simples, presque innocentes. Homme d'affaires avant tout, heureux de connaître à nouveau le succès et les projecteurs, il négligeait souvent dans ses choix et alliances les intérêts et les stratégies des uns et des autres. Il croyait pouvoir en bénéficier sans rien donner en échange ou tout au plus quelques os à ronger. Rendant régulièrement compte à ses compatriotes américains, il se gonflait de la mission confiée par Vichy et se voyait l'acteur d'une vaste opération entièrement centrée sur l'exploitation de « ses » mines. C'était pour lui la seule chose qui comptait. Pour réussir, il recherchait et avait obtenu l'appui des Allemands, croyant à la fable des amitiés françaises d'Abetz et de son équipe. Il pensait dès lors avoir dans sa poche les trois grands protagonistes de l'affaire... sans se douter qu'aucun d'entre eux ne sacrifierait ses intérêts à quelques tonnes de charbon de plus. Il mit ainsi le doigt, puis la main, puis le bras dans un fatal engrenage.

On doit revenir en arrière pour tenter de démêler les fils de cette marche au bord du vide.

La chute de Pierre Laval, en décembre 1940, provoqua chez Bedaux une grande inquiétude. Il s'en ouvrit à Brinon. Celui-ci le prit sous son aile pour assurer la continuité avec la nouvelle équipe. L'ambassade américaine à Vichy, provisoirement dirigée par Murphy, le recevait, l'écoutait et le laissait faire. Ces deux partenaires se servaient en réalité de lui dans le dossier nord-africain qui venait de ressurgir. *Idem* du côté d'Abetz, qui, à la même époque, le reçut longuement et, sous forme de confidences, l'entretint à la fois de ses réticences à l'égard des nazis (mais pas au point de prendre des risques), de son agacement envers les politiciens de Vichy (qui ne savaient pas saisir la main tendue) et de la nécessité de modérer l'hostilité de Weygand envers la Collaboration. L'ambassadeur du Reich disait vouloir inaugurer une ère nouvelle, baignée d'entente, d'amitiés réciproques et de respect des positions de chacun. Il agitait aussi son bâton : la Collaboration devait devenir de plus en plus concrète, sans quoi des forces hostiles se déchaîneraient contre Vichy… ce qu'il ne souhaitait pas, c'est du moins ce qu'il disait. Il ajoutait que son gouvernement n'avait aucune visée sur les possessions françaises de Tunis à Rabat mais se concentrait sur la guerre contre l'Angleterre, même si, la paix venue, il faudrait que la France livre l'Alsace-Lorraine (déjà annexée de fait) à son vainqueur et un morceau de la Tunisie à l'Italie. Abetz souhaitait le faire savoir aux entourages de Pétain, de son nouveau vice-président, Pierre-Étienne Flandin, et de l'amiral Darlan, l'homme qui montait[1]. Bedaux se sentit pousser des ailes dans un rôle de super-négociateur tripartite que l'on récompenserait pour ses bons offices par la concession des mines et, plus tard, la haute main sur l'opération Merniger. Aucun de ses rapports à Vichy n'omettait de préciser qu'il agissait avec le soutien « des autorités d'occupation ». Il entrait parfaitement dans la stratégie de Pétain, du moins celle définie par Bouthillier dans ses Mémoires : « Écarter Laval, ménager Abetz »... encore qu'il savait pouvoir s'entendre avec le premier au cas où il rentrerait en grâce. Candeur surprenante pour un entrepreneur de ce niveau, Bedaux croyait tout à la fois les Américains disposés à aider un compatriote dans son raid sur une bonne affaire, Vichy à aider le développement des mines et les Allemands de Paris à ménager les vaincus, y compris contre la volonté de subversion animant les Berlinois.

Première étape, faire passer à Vichy et, singulièrement, à Weygand les intentions teintées de bonne volonté d'Abetz. En janvier 1941, Bedaux s'apprêtait à s'envoler vers Alger lorsqu'il rencontra, à Marignane, Charles Celier, ancien chef de cabinet de Baudouin, ministre sortant des Affaires étrangères et encore chargé pour quelques jours du portefeuille de l'Information[2]. Il lui confia la teneur de ses conversations avec l'ambassadeur allemand et son âme damnée Ernst Achenbach, plusieurs fois rencontré

1. Après le limogeage et l'arrestation provisoire de Laval, le 13 décembre 1940, Pierre-Étienne Flandin lui succéda jusqu'au 9 février 1941. L'amiral Darlan prit ensuite le titre de vice-président du Conseil et fut désigné comme successeur de Pétain, si celui-ci « se trouvait empêché de gouverner avec indépendance ».

2. Il sera bientôt nommé directeur général de la Banque d'Indochine.

pour régler les questions de laissez-passer. Il ajouta que, lors des entretiens qu'il devait avoir avec Weygand, il transmettrait l'offre allemande. Comme on s'en doute, Vichy, jusqu'au Maréchal, fut sur-le-champ informé de tout et, loin d'être enthousiaste, commença à se méfier du messager. Plusieurs dépêches confidentielles mettant Weygand en garde contre « Monsieur Bedaux » furent rédigées et signées par Pétain.

À la mi-janvier, Charles arriva à Alger où il fut d'abord reçu par le commandant Gasser, chef d'état-major de Weygand alors en voyage au Maroc. Il livra l'argumentaire d'Abetz, si bien que, prévenu, le délégué général le reçut finalement à Rabat et l'écouta. Les deux hommes se rencontreront trois ou quatre fois jusqu'au limogeage de Weygand, en novembre 1941. Après le premier contact, le général confirma dans son rapport à Pétain que le Franco-Américain semblait s'intéresser en priorité au dossier des mines mais avait profité de l'entretien pour transmettre les messages des Allemands. Weygand rappelait au passage son hostilité à toute alliance autre que tactique et de retardement avec l'Allemagne. Les archives françaises disponibles ne donnent pas plus de détails sur la suite, sinon que Bedaux se concentra en effet sur les questions industrielles. On ignore quelles étaient les véritables pensées de Weygand sur ce point, mais tout se passa comme s'il soutenait ces projets.

Côté américain, Bedaux retrouva en Afrique du Nord son cher Murphy, qui venait d'y être nommé par l'amiral Leahy, nouvel ambassadeur à Vichy. Outre la négociation qu'il menait avec le délégué général, le diplomate était à l'œuvre pour créer en Algérie et au Maroc un réseau de renseignements employant à la fois des agents spécialisés et les consuls américains installés dans les ports. Bedaux croyait pouvoir être en confiance avec cet « ami » qui l'invitait à déjeuner ou à jouer au golf. Il accepta le rôle d'informateur sur la situation économique et l'état d'esprit des dirigeants français. Il ignorait que les rapports de Murphy à Washington le décrivaient comme œuvrant « amicalement » avec les Allemands, quand bien même il lui donnait des informations sur les forces d'occupation. Par conséquent, il l'écoutait et l'envoyait à la pêche aux informations mais il ne lui faisait qu'à moitié confiance. Charles avait oublié que, dans les relations publiques, l'amitié n'est pas le moteur d'une collaboration, mais rien de plus que l'huile qui favorise le mouvement des rouages.

Pour appuyer ses doutes sur Bedaux dans ses rapports, Murphy révéla que le Franco-Américain lui avait franchement confié une autre de ses conversations avec Abetz, lors d'un séjour à Candé. L'entrepreneur avait mis l'ambassadeur en garde contre l'idée d'un bombardement allemand des raffineries exploitées par l'Anglo-Iranian Oil Company et lui avait conseillé d'en préparer plutôt la conquête en se servant des possessions françaises de Syrie et du Liban, avec le soutien des officiers irakiens pro-allemands qui venaient de prendre le pouvoir à Bagdad. Il avait aussi vanté la technique qu'il imaginait pour protéger les oléoducs conquis contre les bombardements, en y injectant du sable liquéfié. C'étaient les mêmes avertissements et conseils que ceux donnés avant-guerre… aux Anglais. Informé par Abetz, Albert Speer avait fait étudier la proposition et, en attendant, avait aussi proposé à Bedaux une étude sur l'exploitation des mines de cuivre yougoslaves. Si l'ingénieur-conseil avait refusé le marché – parce que les autorités allemandes ne voulaient toujours pas lui restituer ses sociétés –, il passa tout de même trois semaines à Berlin, au printemps 1941, et eut des discussions avec l'équipe de Speer, grâce aux bons offices de l'avocat Gerhard Westrick, qu'il avait autrefois croisé aux États-Unis et qui était indubitablement une « tête chercheuse » de talents pour l'Abwehr[3]. Il ne s'en méfia évidemment pas et, non sans bonhomie, en informa Murphy et le premier conseiller de l'ambassade à Vichy, Pinkney Tuck. L'un et l'autre en rendirent compte dans des termes peu amènes à Washington, même si le second estimait qu'il y avait intérêt à conserver un aussi bon contact que Bedaux. Il notait que son interlocuteur était « immoral », ne comprenait pas en quoi « son association ouverte avec nos ennemis déclarés est un mal » et que, à ses yeux, « son refus d'accepter une rémunération pour ses services à l'humanité suffi[sait] à justifier le caractère international de ses activités ». Pour conclure, mais sans le considérer comme une excuse, le conseiller écrivait : « Si naïve que soit sa philosophie, il apparaît totalement sincère dans ses convictions. »

On avouera qu'il y avait de quoi s'interroger sur les engagements gigognes d'un interlocuteur comme Bedaux, mais aussi de quoi profiter de ses caquetages.

3. Westrick était un ancien du « bureau Ribbentrop », sorte d'officine concurrente des Affaires étrangères. Sa spécialité était la politique française et il travaillait alors avec Abetz. À l'avènement de Ribbentrop, il était passé à la diplomatie officielle. Il avait participé à un week-end à Candé avant-guerre, en compagnie de Georg von Stauss.

C'est ainsi qu'après une nouvelle conversation avec Bedaux, Tuck put enrichir ses rapports de considérations utiles sur les dissensions régnant à Paris entre le commandement de la Wehrmacht, de plus en plus dubitatif sur l'aventure nazie, et les services de sécurité passés sous la coupe des SS.

Les oreilles des différents « services » américains se dressaient désormais lorsque le nom de Bedaux était ne serait-ce que murmuré. Celles de J. Edgar Hoover pas moins que les autres. Le puissant patron du FBI, qui vit toujours des communistes et des nazis partout, fit rouvrir son dossier qui sommeillait depuis le voyage avorté du duc de Windsor aux États-Unis en 1937. Début 1941, le patron du FBI de New York, Percy Foxworth, diligenta une enquête approfondie sur les sociétés américaines de Bedaux, faisant remonter des doutes, mais aucune preuve, sur les relations entre leur créateur et l'Allemagne. Conformément à sa façon itérative d'opérer, Hoover demanda à ses « rats de cave » – comprendre : ses archivistes – d'enrichir le faisceau des soupçons anciens qui pouvaient peser sur Charles et Fern Bedaux depuis la Première Guerre mondiale : vieux soupçons d'« espionnage » pendant le conflit, dossier de fraude fiscale, accusations de « nazisme » lues dans la presse, rencontres avec des diplomates ou des financiers allemands, bavardages lors de dîners algérois, etc.

Y figurera bientôt un témoignage défavorable du couple Herman et Katherine Rogers. Interrogés à Lisbonne par un agent américain, ils critiquèrent la proximité de Bedaux avec les Allemands, l'accusant même de s'entendre avec eux pour racheter des terres et des domaines dans la région parisienne. L'accusation n'existait que dans leur tête mais contribua à renforcer l'impression défavorable autour du châtelain de Candé. En voulant couvrir les Windsor, qui étaient dans le collimateur des services anglo-américains, les Rogers avaient planté un clou de plus dans le cercueil de leur ancien ami.

On fouilla aussi le passé et l'attitude indéchiffrable de Jean Caudron, certes ancien de l'Intelligence service pendant la Grande Guerre et signalé comme résistant dans plusieurs ouvrages (mais sans que la preuve formelle en soit apportée). Il figure dans plusieurs rapports français et américains comme « germanophile indubitable » et même comme « agent de l'Abwehr », en conséquence de son ancienne appartenance au Cercle européen, collaborationniste sinon pronazi.

Et comme si cela ne suffisait pas, Bedaux approchait du délai fatidique de cinq années d'absence du territoire de son pays, ce qui risquait de lui faire perdre la nationalité américaine conformément à la législation alors en vigueur. Alerté par un conseiller de l'ambassade en Suisse, lors d'un passage à Lyon, il avait sur ce point entrepris des démarches, se renseignant au préalable auprès d'un autre diplomate, Worthington Hagerman, ancien de l'ambassade à Candé en 1940, alors en poste à Lisbonne. Il en profita pour lui décrire succinctement ses activités sur plusieurs tableaux, ajoutant qu'elles ne pouvaient être comprises qu'en prenant en compte son patriotisme. Il promettait enfin de régler ses retards d'impôts aux États-Unis dès que les Allemands lui auraient restitué sa société d'Amsterdam. Bedaux posta une lettre officielle de demande, avec tous ces détails, à Roquefort, où il était de passage, le 6 décembre 1941. Le lendemain, les Japonais bombardaient Pearl Harbor et, le 11, les Allemands déclaraient la guerre aux États-Unis. Travailler avec eux, c'était désormais travailler avec l'ennemi.

Insaisissable entre Roquefort, Candé, Kenadsa et Paris, la petite famille – Charles, Fern et Charles-Émile – fut finalement arrêtée par les Allemands pendant quelques jours puis relâchée, en février 1942. Elle put réintégrer Candé avec défense de s'en éloigner. Comme si de rien n'était, c'est au château que Josée de Chambrun fêta son 31e anniversaire, le 1er avril, en compagnie de son époux et de quelques amis. La fille de Laval révèle dans ses carnets que pendant deux jours, elle joua au golf et au ping-pong, se promena au bras du colonel allemand Pfeiffer. La compagnie dîna avec le réalisateur et producteur Roger Richebé, Arletty et son amant Soehring[4].

Après deux mois d'une confortable assignation à résidence, Charles reprit ses voyages sans difficultés. Si l'affaire de la papeterie des Landes avait été coulée, le projet Kenadsa battait son plein et celui du pipe-line se développait. Les mois qui suivirent y furent presque exclusivement consacrés, avec ce qu'il fallait de rencontres et de démarches compromettantes. Bedaux portait toujours sur lui une lettre de recommandation personnelle signée de Pierre Laval, sorte de sésame qui cessa subitement de fonctionner le 24 septembre 1942. Ce jour-là, alors qu'ils séjournaient au Ritz, Fern,

4. Richebé avait réalisé l'année précédente un *Madame Sans-Gêne* avec Arletty.

sa sœur Eve (veuve de Duez depuis quelques mois), Charles et son fils Charles-Émile furent « cueillis », cette fois par la Gestapo, dans le cadre d'une vaste opération concernant tous les Américains de seize à soixante ans. Les deux sœurs furent conduites au zoo du bois de Boulogne, tandis qu'après deux jours de détention à Saint-Denis, les hommes partaient rejoindre au camp de Compiègne *(Frontstalag Nr 12)* quelques dizaines de leurs compatriotes.

Après quatre journées de détention, les autorités allemandes leur annoncèrent qu'ils étaient libérés… mais ils refusèrent de partir. Charles exigeait que la mesure d'élargissement soit étendue aux Américains les plus mal en point. Il en fournit la liste et, dès ce jour, s'employa à organiser la distribution des vivres afin que les plus faibles bénéficient de rations plus nourrissantes. Et pour la distraction, il fabriqua un jeu de Monopoly et organisa des tournois. L'équivalisme appliqué aux prisonniers, en quelque sorte. Sur les instances de Medicus, son frère Gaston put lui rendre visite : on parla de l'oléoduc saharien qui obsédait Charles. N'ayant finalement rien obtenu de plus que la libération du docteur Summer Jackson (qui avait exercé à Candé en 1940) et d'une poignée de ses compatriotes, les deux Bedaux acceptèrent de quitter le camp au bout de deux semaines. Leurs relations – Brinon, Abetz, Medicus – avaient agi à Paris pour obtenir un passe-droit, afin de ne pas compromettre le projet transsaharien et, Charles le croyait, au nom de leur solide amitié.

Mais Bedaux allait être forcé de séjourner pour de bon en Afrique du Nord, territoire administré par l'État français avec sur place une solide présence allemande et américaine (Vichy restait en paix avec les États-Unis). Le 27 octobre 1942, un jour après son fils envoyé en éclaireur, il s'envola pour Alger dans un avion allemand. Fern et sa sœur devaient rester à Candé, comme otages. Il ne les reverra plus. À la fois sujet à la paranoïa de ses compatriotes, à la méfiance de Vichy et aux manipulations allemandes que la perspective de pouvoir disposer un jour d'une voie ferrée dans le désert alléchait plus que jamais, Charles commençait (enfin) à se rendre compte des dangers de sa situation.

23

Le sol se dérobe

Construit et aménagé en 1931 dans le style Art déco, l'hôtel Aletti était le palace de référence d'Alger. Toutes les personnalités de passage y descendaient. Charles Bedaux y louait une suite à chacun de ses séjours algérois[1]. En ce début d'hiver 1942, après avoir été hébergé pour sa première nuit à l'ambassade américaine, il ne s'y installa pas l'esprit tranquille. Sa position était fragilisée. Ses « amis » allemands avaient pris Fern et ses biens français en gage. Il ne pouvait plus finasser de ce côté. Restaient les autorités vichyssoises et étasuniennes, mais il sentait que, dans ce secteur aussi, le terrain devenait mouvant. Avec à ses côtés Charles-Émile, Pierre-Jérôme Ullmann, le fils de Lisette de Brinon, et Jean Caudron, il se consacra fébrilement à l'activité de sa nouvelle société, concessionnaire de l'exploitation des mines, tout en continuant à plancher sur le projet d'oléoduc, dans

1. L'hôtel s'appelle aujourd'hui le Safir. Il était le petit frère de l'établissement ouvert en 1905 à Vichy par Joseph Aletti. Bedaux y descendait aussi lorsqu'il séjournait dans la capitale de l'État français, à une centaine de mètres de l'hôtel du Parc qui abritait le logement et les bureaux du maréchal Pétain.

lequel il avait investi 2,5 millions de francs. Ceux qui l'ont connu à ce moment témoigneront de sa cyclothymie, de l'envol de sa consommation de calmants et de remontants (selon les cycles), de la perte de sa superbe.

À son départ de Paris, le colonel Medicus lui avait promis du carburant et des véhicules pour s'enfoncer dans le désert et préparer les travaux du pipe-line, nouveau safari cette fois d'un genre particulier. Le matériel devait l'attendre au port de Casablanca. Au même endroit seraient mis à sa disposition plusieurs camions fournis... par les États-Unis. La reconnaissance serait organisée en deux groupes, l'un vers le Niger, l'autre à travers le Sahara. *Business first*, malgré l'état de guerre avec l'Allemagne, Murphy encourageait l'équipée et avait remis à Charles des cartes des côtes et fonds marins de la Mauritanie. Comme l'a écrit l'historien Charles Glass, « si Vichy et les Allemands l'avaient su, ils auraient légitimement accusé [Bedaux] d'espionnage pour le compte de Washington ».

Les reconnaissances n'eurent finalement pas lieu. Le matériel promis par Medicus n'était pas au rendez-vous et Murphy avait brutalement changé son fusil d'épaule. Si Washington lui demandait de continuer à jouer la carte Pétain-Darlan, il devait renoncer à toutes les collaborations impliquant des intérêts allemands. Il en tira les conséquences dans ses rapports avec Bedaux.

Comme il en avait la mauvaise habitude dans ses moments de désœuvrement, celui-ci se livrait à des confidences ou des considérations imprudentes, comme ces propos tenus sur une terrasse de l'Aletti au major allemand Richard Wurmann. Il lui aurait déclaré travailler pour l'Abwehr, aveu répété dans une note du major au MI5 qui l'avait retourné[2]. Et que pouvait penser Murphy, qui recevait régulièrement Bedaux, lorsque celui-ci exhiba pour l'impressionner son *Ausweis* allemand, un laissez-passer français paraphé par Brinon et sa lettre de cadrage signée Laval ? Ses doutes s'épaississaient. Il était encouragé dans sa défiance par un petit parti français qu'on a appelé le « Comité des Cinq ». Composé de Jean Rigault, Jacques Tarbé de Saint-Hardouin, du colonel Van Hecke (patron des Chantiers de jeunesse d'Afrique du Nord), d'Henri d'Astier de la Vigerie (membre du 2e bureau de l'armée d'armistice) et de Jacques Lemaigre-Dubreuil, le groupe le conseillait et l'assistait dans les questions politico-économiques. Un de ses membres, Lemaigre-Dubreuil, était le principal dirigeant des huiles Lesieur. Proche de l'extrême droite et de la Cagoule avant-guerre, antigaulliste, il était présent à plusieurs stades du dossier Bedaux, d'abord comme allié dans les questions logistiques et capitalistiques puis comme concurrent dans le projet d'oléoduc[3]. Avec ses quatre camarades, il oscillait entre une solution remettant en jeu Laval (pour combattre le bolchevisme), puis Darlan (pour garder le contact avec le Maréchal), avant de se tourner vers Giraud (pour éliminer la France combattante). Les Cinq affermirent au passage la conviction de Murphy : une

2. Interrogé à nouveau à Londres en janvier 1944, Wurmann refusera de témoigner contre Bedaux.

3. Lemaigre-Dubreuil avait épousé Simone Lesieur en 1926. Il avait transféré le siège de l'entreprise à Casablanca après la défaite et avait choisi rapidement le partenariat américain. Il sera assassiné dans des conditions jamais élucidées en 1955.

voie ferrée et un pipe-line dans les sables n'avaient plus guère d'intérêt. La priorité était la préparation du débarquement allié en Afrique du Nord, l'opération « Torch ».

Sur cet échiquier, Bedaux était un pion dont le sacrifice ne coûterait rien. À l'automne 1942, les Anglo-Américains étaient convaincus – ou s'étaient persuadés – de ses liens avec l'Abwehr. Murphy et ses sbires ne le pensaient pas à proprement parler *nazi* mais au moins *pro-allemand*, jusqu'à rendre des « services », oubliant qu'ils l'y avaient encouragé. Il est vrai que Bedaux avait beaucoup fréquenté les proches ou les sources de l'organisation de l'amiral Canaris et, sans doute, leur avait donné ici nombre d'informations sur ses projets, là des conseils sur d'autres. Le colonel Medicus, l'avocat Gerhard Westrick et son frère Julius, celui-ci employé à l'ambassade du Reich à Paris, étaient au centre de cette « collaboration » entrelardée de bons dîners et de parties de golf à Candé. Bedaux n'ignorait sans doute pas qu'on le faisait beaucoup parler, qu'il servait parfois de messager en Algérie ou à Vichy et que les facilités que l'occupant lui promettait faisaient partie d'un échange qu'il pensait seulement de bons procédés. Il lui était arrivé de proposer lui-même des contreparties à ses comptes rendus. Est-ce à dire qu'il était à proprement parler un « espion » de l'Allemagne ? Prenant enfin conscience de ses imprudences, l'homme d'affaires s'obstinait pourtant à ne rien voir de répréhensible à tout tenter pour la réussite de ses opérations. Et lorsque les doutes l'assaillaient, les médicaments faisaient fondre ses peurs, jusqu'à la prochaine crise d'angoisse.

Le 8 novembre 1942, les troupes alliées, fortes de 65 000 hommes portés par 650 navires, commencèrent leur conquête de l'Afrique du Nord[4]. L'opération « Torch » commença mal, en raison de la résistance de l'armée française. Les combats firent 2 000 morts dont 655 Américains. Il fallut deux jours aux « envahisseurs » pour se rendre maîtres d'Alger et d'Oran, ce qui ne fut possible aussi rapidement qu'avec l'aide de la Résistance. Après quoi un armistice fut signé par... Darlan, qui se trouvait sur place, au chevet de son fils Alain atteint de poliomyélite. Peu importe dans notre histoire – mais pas pour l'Histoire, cependant – le débat entre ceux qui pensent à un hasard et ceux qui spéculent sur un accord entre l'amiral et les Américains[5]. Et comme ces derniers amenaient dans leurs bagages le général Giraud qu'ils voulaient substituer à de Gaulle, la situation franco-française devenait fort compliquée. On n'en sortira qu'avec l'assassinat de dauphin de Pétain, le 24 décembre 1942[6], et l'élimination progressive de Giraud par les gaullistes, un an plus tard.

Les protecteurs parisiens et vichyssois de Bedaux étaient hors jeu. Il avait refusé d'être évacué par les Allemands – ce qu'il aurait probablement accepté s'il avait été le traître que l'on a dit – et imaginait que Murphy

---

4. Murphy et Bedaux s'étaient encore vus en début de matinée. Murphy sera un temps arrêté par les autorités françaises mais rapidement relâché.

5. Alain Darlan fréquentait assidûment Murphy que l'amiral lui-même avait souvent rencontré.

6. Un mois plus tôt, Darlan, devenu haut-commissaire au nom du Maréchal « empêché », avait signé un accord de semi-autonomie avec les Américains. Ces derniers gardaient toutefois la main sur les questions politiques et, largement, de sécurité.

l'aiderait à « effacer le désert », avec le Merniger, Kenadsa et l'oléoduc, désormais pour le compte du nouveau pouvoir français (quel qu'il soit) et de ses compatriotes. Il s'en ouvrit au vice-consul américain Felix Cole : la voie ferrée et le pipe-line étaient toujours selon lui d'actualité, expliqua-t-il, car ils permettraient aux Américains de montrer à des Français dubitatifs que le développement de leur empire était dans leurs projets. Il le répéta à Murphy lors d'une entrevue puis lui écrivit encore pour proposer ses services en vue d'améliorer les transports et le stockage des matériels de l'US Army. Comme si le temps était encore à faire appel à un ingénieur-conseil…

Une des réponses qui lui parvinrent fut l'ordre de quitter l'hôtel Aletti pour faire place aux officiers supérieurs du corps expéditionnaire. Avec Charles-Émile, il se replia sur une auberge d'Aïn Koussa, à une vingtaine de kilomètres d'Oran, sur la route des mines de Kenadsa. C'est là que, dans les heures qui suivirent l'assassinat de Darlan, des hommes du 2e bureau de l'armée française, commandés par le colonel Chrétien, vinrent les arrêter. Ils furent transférés à Alger puis libérés au bout d'une semaine, car ils étaient citoyens américains. Mais Charles ne resta en liberté que deux jours. Les mêmes agents se saisirent de lui, mais cette fois à la demande de ses compatriotes, spécialement l'agent de l'OSS Edmond Taylor[7], qui avait connu Bedaux à Paris dans les

7. L'OSS (Office of Strategic Services) avait été créé le 13 juin 1942 pour regrouper les services d'espionnage et d'actions clandestines jusqu'alors éclatés entre l'armée, la marine, les Affaires étrangères et le FBI. Il était placé sous la direction de l'avocat et diplomate William Joseph Donovan, nommé major général de l'US Army. L'OSS fut transformé en CIA (Central Intelligence Agency) en 1947.

années 1930, lorsqu'il était correspondant du *Chicago Tribune*. L'époque où le journal multipliait les éloges sur « l'oncle d'Amérique » était révolue. À Murphy, loin d'être réticent, Felix Cole avait fait valoir que pour faire oublier la compromission américaine avec Darlan, il fallait une victime expiatoire. Bedaux était la cible idéale : il était assez mouillé pour justifier son arrestation et suffisamment connu pour que l'opération démontre que les Américains faisaient le ménage en Algérie. Il n'y avait pas eu besoin d'en dire plus. Le diplomate lâcha donc pour de bon son « ami » et ne tint compte d'aucun de ses appels au secours, surtout lorsque les lettres de Bedaux faisaient allusion à leurs échanges passés ou aux services rendus à Candé en 1939 et 1940. Il valait mieux oublier tout cela et se concentrer sur sa vie sulfureuse.

Murphy avait de toute façon préventivement allégé sa conscience lors d'un voyage secret aux États-Unis pour préparer l'opération « Torch ». Il avait alerté le ministre de la Justice (Attorney General) Frances Biddle sur le cas de ce compatriote qui avait si longtemps fricoté avec les Allemands. Le ministère avait immédiatement converti les documents et témoignages collectés par le FBI en éléments juridiques susceptibles de déboucher sur des poursuites, y ajoutant une pincée de doutes fournie par l'Immigration sur la sincérité de sa naturalisation définitive… en 1917. Une fuite permettra au *New York Sun* et à *The Nation* d'alimenter leurs accusations quelques jours plus tard.

Détenu pendant cinq jours par les Français, Bedaux fut ensuite assigné à résidence dans une villa du quartier de El Biar, sous la garde de la police militaire américaine.

La presse européenne et américaine en rendit compte, celle de Vichy et Paris se scandalisant qu'un industriel aussi imaginatif soit traité de la sorte. On signalait parfois que l'accusation ne reposait sur rien de concret. Aux États-Unis, l'argumentaire officiel suggéré par l'OSS prenait corps. Dans le *New York Post* du 23 février 1944, la journaliste vedette Dorothy Thompson écrivit : « Pourquoi avons-nous l'intention de traduire Bedaux en justice ? Manifestement afin d'affirmer l'autorité de la République américaine et de proclamer que quiconque a juré allégeance à ce pays ne peut, sous aucun prétexte, transférer cette allégeance à une autre autorité. » Et celle qui était aussi « la voix de l'Amérique » sur la chaîne NBC de conseiller à la France d'en faire autant en poursuivant les collaborateurs. Avec un certain culot, les autorités américaines prétendaient montrer l'exemple à des Français peu pressés de nettoyer leurs écuries. Taylor et Murphy auraient pu écrire de tels articles. Ne doutons pas qu'ils furent inspirés par leurs homologues au pays : Thompson était employée à la radio et les journaux alimentés par l'Office of War Information, institution gouvernementale de propagande, sans parler des liens conservés par Taylor avec la rédaction du *Chicago Tribune*[8]. Et *Time* de pronostiquer « qu'une grande *success story* s'était achevée et son héros mis en prison », papier agrémenté de la photo de Bedaux avec comme légende : « Pssst. Auriez-vous une orange ? »

Le sol se dérobait sous ses pieds.

---

8. Dorothy Thompson était très proche de l'OSS et fréquemment reçue à la Maison-Blanche. Edmond Taylor a confirmé dans ses Mémoires qu'il intervenait encore auprès des rédacteurs du *Chicago Tribune*.

24

Que faire de Bedaux ?

Bedaux était au secret à El Biar. Arrêté lui aussi, son fils le rejoignit. Dans les premiers temps, ils furent confinés dans leur chambre, avec un garde à leur porte, quelques litres d'eau pour leur toilette et une nourriture à peine passable. Ce régime devint ensuite moins sévère, avec la mise à disposition d'une salle de bains et la possibilité de promenades, mais jamais sans un MP pour les accompagner. Et comme on ne se refait jamais vraiment, ayant observé lors d'une sortie une vaste maison quasiment en ruines, Bedaux griffonna un projet d'organisation du lieu en centre de restauration et de loisirs pour les soldats américains.

Ignorant ce que contenait son dossier et privé d'avocat, notre homme se morfondit pendant des semaines, avec pour seule compagnie celle de Charles-Émile, les visites étant interdites. Ils discutaient, ne manquaient jamais le coucher du soleil et observaient, peut-être avec envie, une prostituée qui commerçait à domicile face à leur villa. Bedaux reçut plusieurs lettres de Fern, qui réussissait à les faire passer par le Portugal. Dans l'une d'elles, elle l'informa de l'explosion à la poudrerie du Ripault, voisine de Candé, qui avait fait plusieurs dizaines de morts. Elle ne souffrait que de quelques coupures dues à des bris de vitres et le château avait été peu endommagé. Et chaque vendredi soir, sachant que son épouse était en prière, Charles la rejoignait en pensée.

Passant pour la première et dernière fois de sa vie des nuits et des jours avec son père, Charles-Émile tirera de leurs conversations un essai sur l'équivalisme, qu'il décrira comme une « vue d'avenir », le « vrai socialisme » et le « triomphe du mérite ». Il sera libéré le 30 novembre 1943, après onze mois de détention arbitraire. Il s'engagera dans l'US Army… au sein des services de renseignements, en raison de sa parfaite maîtrise du français. Avant de se séparer de lui, Charles lui remettra une courte note dans laquelle il résumait son cas : il craignait qu'un procès trop rapide et retentissant ne mette en danger la vie de son épouse (toujours à la merci des Allemands) et préférait rester détenu jusqu'à la fin de la guerre, moment où il pourrait se défendre efficacement. Il assurait enfin son fils qu'il n'avait rien à se reprocher vis-à-vis de sa patrie américaine.

Après le déchaînement des premiers jours, la presse américaine commençait à douter – bien prudemment – de la réalité des charges pesant contre lui. Sans le dédouaner totalement mais revenu de son premier emballement, le *New York Times* tenta d'y voir plus clair, donnant par exemple la parole à Albert Ramond. N'ayant aucune raison d'aider l'homme qu'il avait un jour évincé[1], celui-ci affirmait que, bien qu'américain,

1. Il en profita pour retirer le nom de Bedaux de la raison sociale de l'entreprise.

Charles avait gardé une compréhensible tendresse pour la France et qu'il ne l'imaginait pas « se vendre à l'ennemi ». Il n'en fit pas plus. Le ministre Biddle commençait cependant à s'interroger sur le fond du dossier (il était temps), tandis que le général Eisenhower conseillait de ne pas organiser de procès expéditif en Algérie. Il avait assez de problèmes avec les Français sans y ajouter celui-ci[2].

Les autorités américaines n'avaient au fond rien de concret pour incriminer leur prisonnier. Le diplomate Hugh Fullerton, qui avait bien connu Bedaux au début de la guerre, dira plus tard que s'il avait été patient, il se serait aisément tiré du guêpier. Le dossier transmis par le FBI frôlait l'indigence, certaines pièces étant estampillées « Henri Bidaux » pour Charles Bedaux. Selon un mémorandum signé Hoover, il contenait des copies du passeport de l'intéressé, de ses laissez-passer entre la zone nord et la zone sud, ses témoignages consécutifs à sa détention à Compiègne, des documents allemands le recommandant comme un expert économique soutenu par le gouvernement de Vichy, des télégrammes dans lesquels il se plaignait du peu d'assistance des occupants pour son projet de pipe-line. Pas de quoi fouetter un chat. On y avait ajouté pour étayer le fragile édifice une douzaine de déclarations – spontanées comme sollicitées – d'hommes d'affaires peignant un Bedaux « pro-allemand » depuis les années 1930, témoignages

2. Par les accords de Cherchell, le 22 novembre 1942, Darlan avait accepté qu'aucun citoyen américain ne puisse être jugé par un tribunal français.

indirects qu'un avocat aurait anéantis en cas de présentation devant un juge. Exemple de contenu fantaisiste dans ce dossier, Pinkney Tuck avait écrit dans un de ses rapports, daté du 4 mai 1942, que Bedaux, « dans les meilleurs termes avec le maréchal Goering », vivait désormais aux États-Unis qu'il avait pu rallier. Il n'avait pas songé à rectifier son affirmation lorsque, le lendemain même, il avait reçu Charles dans son bureau de Vichy, juste avant son départ pour Alger. Autre approximation, Hagerman, en bons termes avec Gaston Bedaux qu'il avait connu à Candé, avait fait figurer dans une note que le frère de Charles « avait la réputation d'être un agent de la Gestapo », ce qui était tout simplement faux. Même Friedrich von Ledebur, qui avait quitté l'Allemagne pour la Californie par haine des hitlériens, était accusé par l'agent Percy Foxworth de « transporter la propagande nazie dans son automobile[3] », laquelle n'avait jamais été interceptée ni fouillée. Et lorsqu'en avril 1943, le FBI mit fin à sa surveillance, il conclut que rien ne reliait celui qui était devenu acteur à Hollywood au gouvernement de Berlin. Quant à son frère Josef, il était présenté comme un farouche national-socialiste alors qu'il appartenait à la branche antinazie de la Wehrmacht.

Devant la faiblesse des charges, le procureur militaire d'Alger, Lloyd Cutler, mit en garde Murphy sur les risques encourus en cas de procès. Il suggérait que celui-ci ait lieu aux États-Unis, comme un exemple du sort

3. Le chef du FBI de New York trouva la mort dans le crash de l'avion qui le conduisait du Brésil à Alger, où il devait interroger Bedaux, le 19 janvier 1942.

que réservait le gouvernement « aux citoyens déloyaux ». En attendant, il fallait creuser et creuser encore. Lors des rares interrogatoires auxquels fut soumis le prisonnier, on invoqua, sans le retenir toutefois, que la Croisière blanche aurait pu être une couverture pour reconnaître la côte ouest du Canada au profit de puissances malveillantes, que l'amitié avec le duc de Windsor avait peut-être un ressort homosexuel (« Demandez-le-lui », rétorqua Bedaux), que l'Abwehr voulait échanger l'ingénieur-conseil contre Édouard Herriot, détenu par Vichy, afin de le jeter dans les jambes du Maréchal. Et ainsi de suite : ni l'OSS ni le FBI n'avait rien trouvé de probant pour une accusation de trahison.

Pourtant, lorsqu'on consentira enfin à remettre Bedaux à la justice, on trouvera de nouveaux documents, plus compromettants, dans ses papiers. Confisquée par les Français lors de son arrestation et remis ensuite aux Américains, la sacoche les contenant n'avait fait l'objet d'aucun inventaire. On y découvrit tardivement une note froissée venue de l'état-major allemand concernant les puits de pétrole du Moyen-Orient. Lorsqu'on lui en parla, Bedaux réagit vivement, accusant les services américains de l'avoir ajoutée en cours d'instruction. On ne saura jamais ce qu'il en était, mais l'enquête patinait.

Les éléments épars de l'accusation serviront de base aux accusations diffusées par voie de presse après la victoire pour justifier le traitement réservé au citoyen américain Bedaux. Ils seront communiqués à la journaliste Janet Flanner pour la rédaction de ses trois grands articles dans le *New Yorker* : télégrammes codés, lettres des autorités allemandes, documents d'état civil, photographies des Windsor, d'Abetz et ses enfants à Candé, etc. Apparemment, rien de bien extraordinaire, en tout cas rien qui puisse servir de preuve devant un tribunal. Mais pour la presse, c'était autre chose. Pour se consoler, le directeur du contre-espionnage britannique, Guy Liddell, écrira dans ses Mémoires que Bedaux n'avait dit que « la moitié de la vérité ». L'autre moitié, en tout cas, ne figurait pas dans le dossier d'accusation.

25

Fin de parcours

Après onze mois de résidence surveillée, dont les quatre derniers sans aucun interrogatoire, on consentit enfin à s'occuper judiciairement du cas de « Bedaux, Charles Eugen », comme l'écrivait désormais le FBI, avec une forme allemande de son deuxième prénom. On décida de l'exfiltrer d'Algérie et de le transporter aux États-Unis, sous couvert des lois sur l'immigration. Le « traître » était devenu un immigrant illégal (pas même présent sur le sol américain !) depuis l'expiration de son passeport. Il quitta El Biar pour l'aéroport de Maison-Blanche puis l'Algérie pour les États-Unis, *via* Natal au Brésil (« Un des rares pays où je ne suis jamais allé », plaisanta Charles). Direction Miami, où il arriva le 23 décembre 1943.

Juste avant le retour de Bedaux, l'Attorney General Biddle avait avoué son embarras dans une note à son collègue de la Guerre. Il y regrettait que l'armée eût décidé de transférer le mis en cause et, si l'on ose dire, de transmettre la « patate chaude » aux autorités civiles. Il doutait que le dossier tienne devant une cour. D'ailleurs, à son arrivée à Miami, ce suspect qui l'était moins avait tout simplement été libéré. On lui avait rendu l'argent confisqué lors de son arrestation, et il avait loué une chambre au Continental Hotel. Il lui avait seulement été demandé de revenir se présenter aux services de l'Immigration le jour suivant. Bedaux se rendit au rendez-vous, répondit à quelques questions et repartit. Il était suivi comme son ombre par un agent du FBI qui ne constata rien de bizarre dans son attitude.

Le 27 décembre, cependant, des agents de l'Immigration l'appréhendèrent à nouveau dans le hall de son hôtel, au motif qu'il n'avait pas de passeport et qu'il fallait enquêter sur lui. Le document, certes périmé, était alors à Washington, mais ce n'était pas une excuse pour le dispenser d'avoir à le présenter. La fable de la fraude à l'immigration était pour le moment tout ce qui restait au gouvernement américain. L'enquête sur ce point fut confiée à l'agent John Burling, qui resta en charge de la détention provisoire du suspect, dans les locaux du Border Patrol Immigration and Naturalization Service. Tout cela était bien léger, si bien que le FBI en profita pour reprendre ses interrogatoires. Après deux rencontres, les agents envoyés par Hoover ne purent faire autrement que de conclure à la nationalité américaine de Bedaux. Qu'à cela ne tienne, on le garda encore pour purger cette fois l'affaire de fraude fiscale. Albert Ramond en était très inquiet pour ses sociétés, qui étaient en réalité celles de Bedaux continuant sous sa direction. Leurs comptes avaient été bloqués par le Trésor. Il réunit ses administrateurs pour en parler. Pas un mot ne fut dit sur le sort du fondateur ni sur les moyens de l'aider.

Burling avait promis la discrétion à Bedaux et seulement précisé à la presse que seule l'affaire du passeport justifiait sa détention provisoire. Il n'empêche que les journaux avancèrent bientôt que c'était bien pour trahison qu'on le détenait et qu'on le jugerait, pas seulement pour une affaire mineure d'état civil. Or, à ce moment, rien de tel n'avait été décidé, comme le prouve une note du fonctionnaire du Trésor Randolph Paul à son ministre Henry Morgenthau, dans laquelle il lui révélait qu'un débat subsistait entre la Justice et la Guerre sur la question des poursuites. Il précisait simplement que le Département de la Justice *envisageait* d'accuser Bedaux de trahison. Pour le public, on annonça malgré tout sa présentation prochaine devant un grand jury, instance de mise en accusation, du chef de « trahison et communications avec l'ennemi ». On parlait de la date du 14 février pour la remise du rapport final du FBI et le jugement préliminaire dans le courant de l'année.

Sans avocat et une fois encore au secret, Bedaux obtint de pouvoir écrire plusieurs lettres. La plus importante fut collectivement adressée à la secrétaire qu'il conservait à New York, Isabella Waite[1], à Albert Ramond et à l'avocat Judge Link. Il leur demandait de l'aider à se défendre et, surtout, de lui fournir des calmants, du Medinal (il en prenait depuis 1938), sinon du

1. Waite était entrée au service de Bedaux au début des années 1930 et son patron l'avait prise sous son aile. Il l'avait gardée à son service après son départ, en 1937, pour gérer les quelques intérêts qui lui restaient aux États-Unis, avec un salaire confortable. Ramond lui avait conservé son bureau dans le Chrysler Building. Elle était une fidèle parmi les fidèles.

Luminal, médicament beaucoup plus fort. Mme Waite prit immédiatement l'avion à ses frais pour Miami où elle arriva le 1er janvier. Elle apportait les produits demandés mais ne semble pas avoir pu les remettre au destinataire. Elle rencontra toutefois son patron qu'elle trouva vieilli et épuisé par l'insomnie. Quant à Ramond, contacté au téléphone par Bedaux, il déclina l'invitation de venir en Floride au motif qu'il lui fallait pour cela une demande expresse du gouvernement. Il se rendit bien dans les locaux du secrétariat d'État, mais au lieu de se voir accorder le laissez-passer, il eut droit à un interrogatoire en règle, et en profita pour se livrer à des déclarations ambiguës sur son ancien patron. Il finit par renoncer à se rendre à Miami.

Le moral de Bedaux était au plus bas. Il ne dormait quasiment pas et ruminait ce qui lui semblait être une injustice. Sa séparation de Fern, toujours otage à Candé, le plongeait dans l'inquiétude. Lors d'une promenade, le 10 janvier 1944, il aurait dit à un de ses gardiens que son cas allait être bientôt clos par sa propre mort. Il savait sans doute de quoi il parlait, car tout alla ensuite très vite. Le 14 février, Burling lui annonça que les poursuites de ses services étaient abandonnées : il était bien citoyen américain, et on lui rendrait bientôt son passeport. Mais la joie de Charles fut de courte durée : le même Burling, arguant cette fois de sa qualité de représentant de l'Attorney General[2], l'informa qu'il serait poursuivi pour trahison devant un tribunal fédéral de Washington, crime passible de dix années de prison,

2. Burling exerçait les fonctions d'administrateur adjoint du contrôle des voyageurs étrangers au Département de la Justice.

voire de la peine de mort en cas de circonstances aggravantes. On aura compris que cette incrimination avait besoin que le suspect soit américain pour prospérer. Comme le clac d'un piège qui se referme.

Dans la soirée, Bedaux fut autorisé à conférer en tête à tête avec l'avocat Edmund Jones. Au dire des témoins, il était dévasté lorsqu'on le reconduisit dans sa cellule. Selon la version officielle, c'est à ce moment qu'il prit une dose fatale de cachets. À son arrivée aux États-Unis, les services de l'Immigration l'avaient autorisé à conserver les petites pilules blanches trouvées sur lui. Comme le stock était faible, un médecin avait été contacté pour obtenir du Medinal. Le praticien n'en disposant pas, il fournit du Luminal. Celui-ci était conservé dans une armoire fermée des bureaux de l'Immigration, Bedaux ne recevant qu'une vingtaine de cachets. Il les aurait ingérés d'un coup. Vers 9 heures du matin, les gardiens entendirent un râle venant de sa chambre et découvrirent son agonie. Il fut immédiatement transféré au Jackson Memorial Hospital de Miami. Il y mourut le 18 février 1944, à 9 h 15, sans avoir repris connaissance. Edmund Jones et Isabella Waite étaient à son chevet.

On a retrouvé dans sa cellule une lettre d'adieu à l'attention de la secrétaire : « Chère amie, je ne peux défendre mon nom sans mettre en danger ceux que j'aime. Après la guerre, ma femme et mon fils prouveront que je suis un bon et honnête serviteur américain. Remerciez ceux qui ont eu confiance en moi. À vous, mes chers amis, mon éternelle gratitude pour votre fidélité absolue et votre dévotion. J'ai pris le Luminal que les autorités m'ont donné. Chas E. Bedaux. 2/14-44. »

Mme Waite ne devait donc pas avoir de remords sur la provenance des pilules.

Cette mort à l'âge de cinquante-sept ans fit la une de tous les journaux américains du lendemain et des journaux français dans les jours suivants. Elle pose évidemment bien des questions, à commencer par celle de la réalité du suicide. Vu l'impasse dans laquelle s'était mis le gouvernement américain, avec un dossier d'accusation léger ou en tout cas contestable devant un tribunal, la disparition de Bedaux pouvait apparaître comme une solution idéale : le traître avait préféré mourir plutôt que de répondre de ses actes. Cette thèse fut brièvement contestée par ce que les officiels américains appelèrent des « têtes chaudes ». Elle n'est toutefois pas remise en cause par les recherches effectuées depuis. Après quelques débats, périodiquement relancés jusque dans les années 1980, sa lettre d'adieu a été expertisée et rien ne peut laisser penser qu'il s'agisse d'un faux.

Tout montre au contraire que Bedaux était moralement et physiquement à bout, après un an de douche écossaise, depuis sa première arrestation en France jusqu'à son ultime conversation avec Burling. Sur un terrain longtemps dépressif, on peut à la limite penser qu'au soir du 14 février, il voulut simplement dormir et surdosa le Luminal, qu'il ne maîtrisait pas aussi bien que le Medinal. On cherchera en vain une main extérieure pour forcer le destin, qu'elle soit celle des « services » ou de « nazis » américains désireux de le faire taire. Gaston Bedaux écrira quelques années plus tard que son frère, désespéré, avait voulu par sa mort protéger l'avenir de son épouse. Celle-ci ne fut d'ailleurs pas inquiétée par les autorités françaises à la Libération. Contrairement à leurs collègues américains, les enquêteurs ne trouvèrent rien qui puisse incriminer son mari. Mieux, ils rappelèrent dans leur rapport final que Bedaux avait sauvé des personnes et des biens juifs, et que ses ingénieurs avaient participé au sabotage de la production industrielle en France occupée. On n'effaça pas Charles des registres de la Légion d'honneur et on laissa ses biens et son argent à Fern.

Après une autopsie exigée par le FBI, le corps du suicidé fut inhumé au cimetière Mount Auburn de Cambridge, dans la banlieue de Boston, non loin du mémorial de Mary Baker Eddy, la fondatrice du mouvement de la Science chrétienne où Fern l'avait fait entrer au moment de leur mariage.

Le cas Bedaux était clos.

Conclusion

La deuxième mort de Charles Bedaux

Dès l'annonce de la mort de Bedaux, les journaux américains avaient déchiqueté sa mémoire. Ils étaient alimentés par le Département de la Justice qui voulait éviter toute mise en cause. Outre qu'ils n'avaient pas grand-chose à faire valoir contre lui au plan pénal, en dehors de sa réputation, les fonctionnaires de Miami avaient commis une faute en lui laissant ses médicaments et failli dans leur surveillance du prisonnier. Qui plus est, même en temps de guerre, sa détention était juridiquement très contestable et, ici, le FBI et l'OSS avaient bien des errements à se reprocher. Il fallait donc rendre ce suicide exemplaire, comme un aveu de culpabilité : le menteur, collaborateur, « ami des nazis » et, pour la bonne bouche, « ennemi des ouvriers » avait été son propre juge et bourreau.

Le déchaînement fut sans retenue. Charles n'était plus là pour se défendre, sa femme toujours retenue en France, ses anciens associés faisaient profil bas. Le terrain était dégagé. Un torrent de boue se déversa sur sa mémoire dans les feuilles étasuniennes et, après la Libération, dans les françaises, quand bien même le gouvernement de Gaulle constatait une absence de charges. Tout semblait permis. Le *New York Times* produisit par exemple un indigeste méli-mélo avec le portrait d'un Bedaux soutien « de la monarchie » et de « la tyrannie du pouvoir totalitaire », tout en pouvant servir « d'escalier de service des gouvernements démocratiques ». Nombre d'articles ne compliquaient pas autant les choses : on pouvait la plupart du temps lire qu'il était *établi* que l'homme d'affaires avait donné des renseignements aux Allemands, aidé Vichy (que les États-Unis avaient fini par rejeter), trompé le fisc et l'Immigration. Le bouquet final fut la série des trois articles du *New Yorker*, en septembre et octobre 1945. Ce long papier était mal intentionné, nourri des dossiers du gouvernement et de témoignages pleins d'amertume et d'ingratitude d'Alexandra Ter Hart et d'Albert Ramond. Ces textes signés de Janet Flanner continuent à inspirer les biographies rapides de Bedaux. Furent éludés, et le sont encore largement, la décision de l'administration du Trésor de ramener de plus de 300 000 à… 2 500 dollars la fraude des entreprises Bedaux dans les années 1930, les regrets publics concernant l'enquête émis par plusieurs de ses acteurs et les études historiques américaines démontrant les exagérations qui parsèment les rapports, lesquels restèrent incommunicables jusque dans les années 1980[1].

La réputation de Charles Bedaux n'a jamais pu remonter la pente. La décision du maire de Tours de renommer l'avenue qui portait son nom en est un des

1. C'est l'auteur Jim Christy qui en obtint le premier l'entière communication, en application des lois américaines sur la liberté d'accès aux archives.

effets. Dans la même veine, en Colombie-Britannique, certains voulurent que soit débaptisé le mont Bedaux. Ils échouèrent, mais rien ne dit qu'une nouvelle tentative ne connaîtra pas le succès. On simplifiait sa vie : maquereau de Pigalle, faux scientifique, exploiteur des travailleurs, Gatsby tourangeau et, surtout, agent double, triple ou quadruple, on n'était pas à cela près. On pouvait de surcroît se réclamer de patronages prestigieux. Après la charge de Chaplin dans *Les Temps modernes*, on pouvait convoquer George Orwell, qui, dans *Le Ventre de la baleine*, mettait en cause Staline, Hitler, la guerre et… « la ceinture Bedaux » qui maintenait les ouvriers dans la servitude. On évoquera encore Antoine de Saint-Exupéry qui écrivait au général Antoine Béthouart : « L'homme est devenu un robot sur les lignes d'assemblage du système Bedaux. » Ajoutons-y encore les coups portés, et amplifiés après-guerre, par la CGT et le parti communiste. Une des conséquences immédiates de cette campagne fut que des collaborateurs du régime de Vichy purent partiellement se décharger sur lui, à l'instar d'Henry du Moulin de Labarthète ou Yves Bouthillier. Ainsi encore, Jacques Weygand put tranquillement affirmer dans *Weygand, mon père* que le Führer en personne avait souhaité que le général soit remplacé en Algérie par « un homme de caractère comme Bedaux ».

L'historiographie ne fut en la matière d'aucun secours. Elle préféra souvent lire le personnage à rebours. Partant des accusations qui pesèrent sur lui avant et pendant la Seconde Guerre mondiale, on remonta sa vie pour l'interpréter à l'aune de sa fin. Rien, dès lors, ne lui fut épargné. Son enthousiasme, son charisme et même ses générosités devinrent cynisme et plan de trahison préparé de longue main. Sa contribution à l'organisation scientifique du travail fut niée, alors même que des centaines d'entreprises l'avaient mise en œuvre avec de bons résultats et que les ingénieurs-conseils concurrents la copiaient. Elle n'était qu'un plagiat habillé de « pseudoscience » des théories de Taylor et Emerson. La cause était entendue : en plus d'avoir été un collaborateur et un traître, Bedaux était un imposteur. Son cas fait au fond écho à ce qu'écrivait Yves Pourcher en ouverture de son ouvrage sur les carnets de Josée Laval : il appartient à une histoire « qui se marque d'une tragédie morale et politique, la collaboration de l'élite dirigeante avec l'occupant, visée rétrospectivement par une intense production d'images et de jugements [...] dans le confort de l'après-coup ». Fermez le ban !

Si des doutes raisonnables sont avancés sur l'accusation de trahison, d'espionnage triple et de goût pour le national-socialisme de Charles Bedaux, il n'est pas pour autant question d'exonérer cet Icare des temps terribles de ses imprudences et de son égoïsme, teintés du sentiment d'impunité de tant d'hommes d'affaires de sa génération. Il flirta sans cesse avec la « ligne jaune » et la dépassa sans conteste à de multiples reprises. Il était prêt à tout, nous l'avons dit, pour ne pas perdre la main, alors même que sa fortune aurait pu lui permettre de traverser tranquillement dans son beau château l'épreuve de l'Occupation. Le syndrome des feux de la rampe que l'on ne peut pas quitter le frappa indubitablement, jusqu'à se croire capable d'imposer d'impossibles rapprochements. On peut se demander comment lui-même parvenait à s'y retrouver dans l'embrouillamini de ses relations, de ses projets et du prix à payer pour leur réussite. Après les succès foudroyants de ses entreprises et son entrée en majesté dans la plus haute société, il se crut à l'abri de tout reproche, jusque dans ses décisions les plus absurdes, au nom des projets qu'il portait et de son habileté dans les affaires. L'organisation du travail et, un peu plus tard, l'équivalisme pouvaient selon lui sauver et changer le monde. Rien de moins.

Comment Bedaux ne se rendit-il pas compte plus tôt qu'on ne pouvait à la fois travailler sincèrement pour le Vichy pro-allemand et les « vichystes-résistants », les Allemands pro comme antinazis, des Américains hésitant entre le soutien au Maréchal, à Darlan puis à Giraud mais jamais sur leurs intérêts ? En ignorant sans doute que les règles du monde qu'il avait décidé de fréquenter, à mi-chemin entre la politique et les moyens inavouables de la pratiquer pendant une telle guerre. Contrairement à l'idée que l'on attribue (abusivement) au cardinal de Retz, il ne serait pas forcément sorti de ses ambiguïtés à ses dépens s'il s'était montré à la fois plus circonspect et plus net dans ses engagements. Mais savait-il lui-même comment et pourquoi en sortir ? Cette forme de naïveté teintée de confiance en soi constituerait presque l'indice majeur qu'il n'était pas l'espion de haut vol qu'on l'a cru être : il ne respectait aucune des règles élémentaires d'un tel exercice. Lors de ses interrogatoires d'Alger, enfin revenu de ses fourvoiements, il livra un début de solution : « Quand vous faites face à un dangereux ennemi, vous devez devenir son ami pour mieux savoir comment le gérer. »

Ultime et fatale erreur de jugement, il ignora longtemps qu'il ne pesait rien sur la scène où il croyait jouer un rôle central. Comme à El Biar puis à Miami. Après le jeu du chat et de la souris pratiqué par son gouvernement, les réponses lui sautèrent cruellement au visage. Trop tard. Après avoir batifolé, le papillon était pris dans une toile d'araignée et ne savait comment s'en libérer. Le moral et le corps en loques, il préféra tirer lui-même le rideau.

Bedaux mort et enterré, Marcel Grolleau prit la tête de la société française de son ancien patron, Albert Ramond conserva celle de l'ancienne maison mère rebaptisée évidemment Albert Ramond and Associates[2]. Fern Bedaux ne faisait plus partie desdits associés puisque Ramond lui avait racheté ses parts pour 50000 dollars. La filiale hollandaise poursuivit elle aussi ses activités (avec Philips comme client jusqu'en 1960) et un institut de recherche sur l'organisation du travail fut créé avec le nom de Charles Bedaux dans sa raison sociale (il existe encore).

Car le « système B. » ne mourut pas avec son créateur. Sous un autre nom, il fut réimplanté aux Charbonnages de France en 1948 par un groupe d'ingénieurs, surnommé « la secte Bedaux », mais uniquement, disait-on, pour la partie permettant d'améliorer les salaires. Ce cache-sexe fut utilisé dans nombre d'autres sociétés françaises et surtout américaines, avec, comme centre de tout, les hommes et femmes qui peuplaient le 62e étage du Chrysler Building, la plupart anciens des sociétés Bedaux. Ils furent au pouvoir dans les entreprises et les

2. La société existe encore.

instituts de recherche sur l'organisation du travail jusqu'à la fin des années 1960. Le « système B. » inspira nombre d'études et d'expériences pour améliorer la productivité et ce que notre personnage avait appelé le « bonheur au travail ». On vit même, en 1948, le polytechnicien Guy Sabin déclarer à *L'Équipe* que la méthode tant honnie serait idéale pour la préparation aux grandes épreuves sportives. La mesure du temps de travail mâtinée d'éléments psychologiques et sociaux continue à passionner, dans un sens ou dans l'autre, les acteurs des entreprises, patron comme salariés. L'inventeur du « système B. » se serait sans doute emparé avec gourmandise des techniques nouvelles permettant de mesurer, contrôler et calculer les coûts, avec dans les activités logistiques des outils aussi performants que l'informatique, les GPS et le numérique.

Parlant de Charles Bedaux, un journaliste de *La Presse* écrivait, le 24 février 1948 : « Il est mort sans voir triompher son système mais sachant bien que l'après-guerre finirait par l'imposer. »

Épilogue(s)

En 1948, Fern Bedaux se remaria avec un colonel américain de trente et un ans son cadet. Elle divorça six ans plus tard. Elle vécut entre Paris et Candé – où elle prit à son service la fille Medicus ! – jusqu'à sa mort, le 17 juillet 1972, à l'âge de soixante-dix-neuf ans. Son corps fut inhumé avec celui de Charles, à Cambridge. Elle avait légué son château et son mobilier à la présidence de la République française, sous réserve d'usufruit. Commencée en 1948, la procédure fut conclue par la signature des actes notariés le 28 janvier 1951. Le domaine de Candé avait été estimé à 4 077 500 francs. Il fut cédé par la présidence au département d'Indre-et-Loire en 1974, qui en a fait un musée et un parc de détente.

Après avoir servi dans l'US Army jusqu'à la fin de la Seconde Guerre mondiale, Charles-Émile vécut aux États-Unis jusqu'à sa mort à Miami, en 1993, à l'âge de quatre-vingt-six ans.

Arrêté pour servir d'otage avec plusieurs personnalités de l'Oise au lendemain du Débarquement, libéré un mois plus tard, son oncle Gaston reprit pour sa part du service au sein de l'administration des Ponts et Chaussées. Il termina sa carrière comme inspecteur en chef dans l'Oise, rosette de la Légion d'honneur à la boutonnière. Il mourut en 1986.

Autre frère de Charles, lui aussi ingénieur des Ponts et Chaussées, Daniel Bedaux vécut en Savoie. Il était un notable local, croix de guerre 1914-1918 et chevalier de la Légion d'honneur, membre de la Légion française des combattants, soutien de la Révolution nationale. Il fut nommé maire des Contamines et ne cacha jamais son maréchalisme. Des résistants l'abattirent le 11 juillet 1944.

Quant à René, le journaliste syndicaliste, il avait été arrêté par la police française comme communiste à la déclaration de guerre et interné au camp de Chabanet, en Ardèche. Libéré en février 1941, il fréquenta la Résistance de la région de Toulon. Il fut engagé au journal *Rouge Midi* à la Libération. Secrétaire de section du PCF du Pont-de-Bois (Toulon), il mourut à La Seyne-sur-Mer le 12 décembre 1952.

Condamné à mort puis gracié, Philippe Pétain fut détenu au fort de l'île d'Yeu jusqu'à sa mort, le 23 juillet 1951. Pierre Laval et Fernand de Brinon furent fusillés, respectivement le 15 octobre 1945 et le 15 avril 1947.

Raoul Dautry fut ministre de la Reconstruction et de l'Urbanisme dans le gouvernement de Gaulle, du 16 novembre 1944 au 20 janvier 1946, et maire de Lourmarin, dans le Vaucluse, à partir de 1945. L'Académie des sciences morales et politiques l'accueillit en 1946. Il fut ensuite administrateur général du

Commissariat à l'énergie atomique. Il mourut couvert d'honneurs, le 21 août 1951.

Après sa mission à Alger, Robert Murphy fut muté en Italie par Roosevelt et, après la victoire, devint conseiller politique des forces d'occupation américaines en Allemagne. Il fut plus tard ambassadeur en Belgique puis au Japon et occupa plusieurs postes diplomatiques de haut niveau, jusqu'à être conseiller spécial des présidents Kennedy, Johnson et Nixon. Il mourut à Washington, le 9 janvier 1978.

Bien qu'ayant participé au complot du 20 juillet 1944 contre Hitler et ayant passé une année derrière les barbelés de Ravensbrück et Dachau, Hjalmar Schacht fut déféré devant le tribunal de Nuremberg. Acquitté mais toujours détenu en Allemagne jusqu'en 1948, il fonda sa propre banque et conseilla certains pays en voie de développement. Il mourut à Munich, le 3 juin 1970.

Arrêté en 1945 et condamné à vingt ans de travaux forcés en 1949, Otto Abetz fut gracié cinq ans plus tard. Il trouva la mort dans un accident de voiture, le 5 mai 1958.

Prisonnier de guerre jusqu'en 1948, le colonel Medicus fut ensuite employé au ministère des Finances du gouvernement de la République fédérale allemande. Il mourut à Wiesbaden, le 5 juillet 1967.

Émigré en Argentine, Josef von Ledebur mourut à Buenos Aires, le 8 décembre 1963. Son frère Friedrich poursuivit sa carrière d'acteur aux États-Unis puis en Europe. Il tenta de visiter Fern Bedaux à Candé en 1969 mais ne fut pas reçu. Il mourut à Linz, le 25 décembre 1986.

Le duc et la duchesse de Windsor rentrèrent des Bahamas en avril 1945. Ils s'installèrent en France et, à partir de 1953, vécurent dans une villa à l'orée du bois de Boulogne. Edward y mourut le 28 mai 1972, quelques semaines après la visite de réconciliation que lui fit la reine Elizabeth II. Wallis lui survécut quatorze ans. Le couple est enterré au cimetière royal de Frogmore.

Bibliographie

Charles Bedaux

1. Écrits de Bedaux

The Bedaux Efficiency Course for Industrial Application, Grand Rapids, Bedaux International Institute, 1917.

Industrial Management, Grand Rapids, Bedaux International Institute, 1921, nouvelle édition du précédent.

Measures Labour, New York, International Bedaux Institute, 1928 et 1932.

The American-Radical Equivalism : the Revolt of the Consumer, 1943.

2. Biographies

a. Ouvrages

Bedaux (Gaston), *La Vie ardente de Charles Bedaux*, chez l'auteur, 1979.

Bloomenkranz (Sol), *Charles Bedaux, Deciphering an Enigma*, Bloomington (E.-U.), iUniverse, 2012.

Christi (Jim), *The Price of Power. A Biography of Charles Bedaux*, New York-Toronto, Doubleday, 1984 (en annexe figure le texte de Charles-Émile Bedaux sur *The American-Radical Equivalism*).

Hardwick (Cyril), *Time Study for Treason : Charles E. Bedaux. Patriot or Collaborator*, Chelmford (E.-U.), Peter Horsnell, 1990.

Loréal (Martin), *Le Cimarrón. Des trottoirs de Pigalle aux allées du pouvoir, l'itinéraire sulfureux de Charles Bedaux*, Fauves éditions, 2019 (cet ouvrage, bien documenté dans les premiers chapitres, est un roman dans lequel Bedaux ne meurt pas à Miami mais est exfiltré à Cuba par le FBI).

b. Principaux articles de presse

Delage (Jean), « La prodigieuse aventure de Charles Bedaux. L'homme qui a mesuré l'énergie humaine », *L'Écho de Paris*, 5 août 1929.

Devaux (Pierre), « Pour la reconstruction sociale. Taylor ? Non, Bedaux », *Aujourd'hui*, 23 février 1944.

Flanner (Janet), « Annals of collaboration. Equivalism », *The New Yorker*, 22 septembre 1945 (p. 28-45), 6 octobre 1945 (p. 32-45), 13 octobre 1945 (p. 32-46).

« La véritable histoire de Charles Bedaux », *Nuit et Jour, hebdomadaire illustré*, 29 novembre 1945.

« Le plus grand aventurier de la guerre », *Nuit et Jour*, 29 novembre, 20 et 27 décembre 1948.

Nassaw (David), « Charles E. Bedaux. Remembering a life that read like a movie script », *New York Times*, 3 novembre 1996.

« Produire, produire, produire... Charles Bedaux, l'homme qui mit le travail en équation », *La Presse*, 24 février 1948.

3. Le système Bedaux

Beaufray (C. H.), « Le système Bedaux », *Bulletin de la Société industrielle de Mulhouse*, septembre 1938, t. CIV, n° 7, p. 313-322.

Borgeaud (Maurice), *Le Salaire des ouvriers des mines de charbon en France depuis 1900*, Lille, faculté de droit de Lille, 1938.

Hardy-Hémery (Odette), « Rationalisation technique et rationalisation du travail à la Compagnie des mines d'Anzin », *Le Mouvement social*, 1970, n° 72, p. 3-48.

Kipping (Matthias), « American management consulting companies in Western Europe, 1920 to 1990 », *The Business History Review*, 1999, n° 2, p. 190-220.

Kipping (Matthias) et Clark (Timothy), *The Oxford Handbook of Management Consulting*, Oxford, Oxford University Press, 2012.

Laloux (Philippe), *Le Système Bedaux de calcul des salaires*, Paris, Éditions Hommes & Techniques, 1951.

Lee Downs (Laura), « Industrial decline, rationalization and equal pay : the Bedaux strike at Rover Automobile », *Social History*, janvier 1990, p. 45-73.

Lecoq (Bernard), « Les divers modes de rémunération du travail dans l'industrie », *Travaux de l'Action populaire,* 1er juillet 1948, p. 496-518.
Levant (Yves) et La Villarmois (Olivier de), « Charles Eugène Bedaux », *Les Grands Auteurs en contrôle de gestion*, sur Cairn.info, 2021, p. 155-172.
Levant (Yves) et Nikitin (Marc), « Ce Bedaux fut-il vraiment un socialiste utopique ? », sur le site odlv.free.fr
Nelson (Daniel), *A Mental Revolution : Scientific Management since Taylor,* Athens (E.-U.), Ohio University Press, 1992.
Razons (Paul), « L'organisation du travail par le système Bedaux », *Le Génie civil,* 19 février 1938, p. 165-168.
Weatherburn (Michael R.), *Scientific Management at Work : The Bedaux System, Management Consulting and Worker Efficiency in British Industry. 1914-48,* thèse de doctorat en philosophie, Londres, Imperial College, 2014 (dactylographiée).

Études générales

1. Études faisant état des activités de Bedaux

Allen (Martin), *Le roi qui a trahi,* Plon, 2000.
Branca (Éric), *L'Aigle et le Léopard. Les liaisons dangereuses entre l'Angleterre et le IIIe Reich,* Perrin, 2023.
Broche (François), *Dictionnaire de la Collaboration,* Belin, 2014.
Christian (Étienne et Marie), *La Croisière blanche : à l'assaut des montagnes Rocheuses,* Glénat, 2009.
Delpla (François), *Hitler et Pétain. Histoire d'une manipulation,* Nouveau Monde éditions, 2020.
Gautier (Jean-Jacques) *et alii, Candé 1937. Un instant pour l'éternité. La duchesse de Windsor dans ses meubles,* Tours, archives départementales de l'Indre-et-Loire, 2018.
Glass (Charles), *Les Américains à Paris sous l'Occupation,* CNRS Éditions, coll. « Biblis », 2012.
Higham (Charles), *Wallis,* Londres, Sidgwick & Jackson, 1988.
Lacroix-Riz (Annie), *Industriels et banquiers français sous l'Occupation,* Armand Colin, 2013.
Maurice (Jacques), « Monts et son passé. Les hôtes du château de Candé », *Bulletin municipal de Monts,* juin 1988, p. 10-13.

2. Autres études et Mémoires

Attali (Jacques), *L'Année des dupes. Alger 1943*, Fayard, coll. « Pluriel », 2021.

Avril (Michel), *Raoul Dautry. La passion de servir*, France-Empire, 1993.

Badouï (Rémi), *Raoul Dautry. 1880-1951. Le technocrate de la République*, Balland, 1992.

Beaud (Michel), *Histoire du capitalisme. 1500-2010*, Seuil, coll. « Points Économie », 2010.

Beltran (Alain) *et alii*, *La Vie des entreprises sous l'Occupation*, Belin, 1994.

Bled (Jean-Paul), « Hjalmar Schacht », dans *Les Hommes d'Hitler*, Perrin, 2015, p. 73-94.

Bloch (Michael), *Ribbentrop*, Perrin, coll. « Tempus », 2011.

Bouthillier (Yves), *Le Drame de Vichy*, Plon, 1950, 2 vol.

Crémieux-Brilhac (Jean-Louis), *Les Français de l'an 40*. T. II : *Ouvriers et soldats*, Gallimard, 1990.

Danos (Jacques) et Gibelin (Marcel), *Juin 1936*, La Découverte, 1986.

Dard (Olivier), *La Synarchie. Le mythe du complot permanent*, Perrin, 1999.

Desprairies (Cécile), *Voyage à travers la France occupée. 1940-1945*, PUF, 2023.

Detœuf (Auguste), *Propos de O. L. Barenton, confiseur*, Les Éditions d'organisation, rééd. 1995.

François-Poncet (André), *Souvenirs d'une ambassade à Berlin*, Flammarion, 1946.

Garraud (Philippe), « La politique française de réarmement de 1936 à 1940 », *Guerres mondiales et conflits contemporains*, PUF, 2005, n° 219, p. 87-102.

—, « Les contraintes industrielles dans la préparation de la guerre de 1939-1940. La modernisation inachevée de l'aviation française », *Guerres mondiales et conflits contemporains*, PUF, 2002, n° 207, p. 5-35.

Goebbels (Joseph), *Journal. 1933-1939*, Tallandier, 2007.

Grenard (Fabrice), Le Bot (Florent) et Perrin (Cédric), *Histoire économique de Vichy. L'État, les hommes, les entreprises*, Perrin, 2017.

Gronfier (Adolphe), *Dictionnaire de la racaille. Le manuscrit secret d'un commissaire de police parisien*, présenté par Bruno Fuligni, Horay, 2010.

« Houillères de Kenadsa ou Kenadza », dossier documentaire mis en ligne sur le site entreprises-coloniales.fr.
Lambauer (Barbara), *Otto Abetz et les Français, ou l'envers de la Collaboration*, Fayard, 2001.
Lentz (Thierry), *Le Diable sur la montagne. Hitler au Berghof (1922-1944)*, Perrin, 2017.
Moulin de Labarthète (Henry du), *Le Temps des illusions. Souvenirs. Juillet 1940-avril 1942*, À l'Enseigne du Cheval ailé, 1946.
Paillat (Claude), *L'Échiquier d'Alger*, Robert Laffont, 1967, 2 vol.
Pourcher (Yves), *Pierre Laval vu par sa fille, d'après ses carnets intimes*, Tallandier, coll. « Texto », 2014.
Weil (François), *Les Franco-Américains*, Belin, 1989.
Weygand (Jacques), *Weygand, mon père*, Flammarion, 1970.
Zorgbibe (Charles), *L'Imbroglio. Roosevelt, Vichy et Alger*, Éditions de Fallois, 2018.

Quelques sites Internet pour finir :

– Sur les débuts de carrière de Charles Bedaux : hystorygrandrapids.org.
– Sur le suivi des activités de Bedaux par la presse : retronews.fr.
– Sur la survie des entreprises Bedaux aux Pays-Bas : bedaux.com.
– On trouve nombre d'articles d'économie et de sciences sociales sur le site : cairn.info

Index

A

ABETZ, Otto, diplomate allemand : 154, 175, 183-185, 199-204, 208, 224, 243.
ACHENBACH, Ernst, diplomate allemand : 201.
AGNELLI, Giovanni, patron de la Fiat : 52.
ALISON, Charles, architecte-paysagiste : 71.
ALLEN, George, avocat : 14.
ALLEN, Martin, historien : 124, 168-173.
AMAR, Jules, sociologue : 41.
ANDREWS, Piati, homme politique américain : 61.
ARDOUIN, Paul, ingénieur : 192.
ARLETTY, actrice : 184, 207.
ASTIER DE LA VIGERIE, Henri d', colonel : 213.

B

BAGNALL, Albert Laurence : 57.
BALDWIN, Stanley, Premier ministre britannique : 11, 107-109.
BALOURDET, Charles, ingénieur : 90.
BARNAUD, Jacques, ministre : 184.
BAUDOUIN, Paul, ministre : 182-183, 196, 201.
BEATON, Cecil, photographe : 13.
BEAUFRAY, ingénieur : 44.
BECK, Ludwig, général allemand : 153.

BEDAUX, Charles-Émile, fils de Charles : 29-30, 34-35, 57, 88, 135, 207-208, 211, 216, 219-220, 241.
BEDAUX, Charles-Émile, père de Charles : 17-19.
BEDAUX, Daniel, frère de Charles : 17-19, 52, 68, 156, 242.
BEDAUX, Fern, seconde épouse de Charles : 15-16, 54, 57-61, 66-67, 69-70, 76, 88, 90, 92-93, 97, 99, 110-111, 118, 121, 137, 140, 145, 151, 160, 179, 183, 205, 207, 209, 211, 219, 228, 231, 238, 241, 243.
BEDAUX, Gaston, frère de Charles : 17-19, 26, 66, 156, 158, 165, 189, 194, 208, 222, 230, 241.
BEDAUX, Marcelle, sœur de Charles : 17, 19, 29, 66.
BEDAUX, née Prothin, Marie-Eulalie, mère de Charles : 17-18.
BEDAUX, René, frère de Charles : 17, 19, 26, 242.
BELIN, René, ministre : 182-183.
BERNARD DE LA FRÉGEOLIÈRE, Renaud : 66.
BERTHELOT, Jean, ministre : 192, 197.
BÉTHOUART, Antoine, général : 235.
BICHELONNE, Jean, ministre : 182-183, 185.
BIDDLE, Frances, ministre américain : 217, 221, 225.
BIGELOW, Ernest : 104.
BLIN, famille d'industriels : 158.
BLOMBERG, Werner von, ministre allemand : 140.
BLUM, Léon, président du Conseil : 15, 100-101.
BOEHLER, Antoine, époux de Marcelle Bedaux : 19.
BOEHLER, Marie-Marguerite, épouse de Gaston Bedaux : 19, 66.
BOOTH, Louise : 135.
BOOTH, Marian : 92, 135.
BOOTHE, Clare, journaliste : 92.
BORGEAUD, Maurice, ingénieur : 79.
BORMANN, Martin, secrétaire d'Hitler : 125.
BOUCHET, Christophe, maire de Tours : 164.
BOUTHILLIER, Yves, ministre : 182, 184, 196, 201, 235.
BRANCA, Éric, historien : 109, 173.
BREARLY, Frederik, entrepreneur : 47.
BRINON, Fernand de, homme politique : 182-183, 200, 208, 211, 213, 242.
BRINON, Lisette de : 182.
BULLITT, William, diplomate américain : 155, 162-163.
BURLING, John, fonctionnaire américain : 226-228, 230.

C

CANARIS, Wilhelm, chef de l'Abwehr : 170, 214.
CANNING, Albert, policier anglais : 106.
CANUDO, Ricciotto : 35.
CAUDRON, Jean, ingénieur : 155-156, 206, 211.
CELIER, Charles, chef de cabinet de Baudouin : 201.
CÉLINE, Louis-Ferdinand, écrivain : 147.
CENDRARS, Blaise, écrivain : 35.
CHAMBERLAIN, Neville, Premier ministre britannique : 128, 153.
CHAMBRUN, Josée de, *voir* Laval.
CHAPLIN, Charles : 60, 101-102, 147, 235.
CHAUTEMPS, Camille, président du Conseil : 149.
CHAVIN, Henry, directeur de la Sûreté : 185.
CHEVALIER, Maurice, artiste de variétés : 21.
CHIESA, Bilhona : 92.
CHRÉTIEN, Jean, colonel : 216.
CHURCHILL, Randolph, journaliste : 14.
CHURCHILL, Winston, Premier ministre britannique : 14, 95, 108, 160, 173.
CIANO, Gaetano, ministre italien : 105.
CIERPLIKOWSKI, Antoni, *alias* Antoine de Paris, coiffeur : 14.
CITROËN, André, industriel : 89-90.
COLBERT, Claudette, actrice : 31.
COLE, Felix, diplomate américain : 216-217.
COLT, Harry, architecte-paysagiste : 71.
COOLIDGE, Calvin, président des États-Unis : 61.
CRÉMIEUX-BRILHAC, Jean-Louis, historien : 81.
CROSBY, Bing, acteur : 31.
CROSBY, Floyd, cinéaste : 90, 92.
CROWNINSHIELD, Frank, patron de presse : 60.
CUTLER, Lloyd : 222.

D

DALADIER, Édouard, président du Conseil : 156, 159, 171.
DALY, Joséphine, domestique : 92.
DANDURAND, Raoul, sénateur canadien : 61.
DARD, Olivier, historien : 185.
DARLAN, Alain, fils du suivant : 215.

DARLAN, François, amiral et homme politique : 183-185, 196, 201, 212-213, 215-217, 221, 237.
DAUTRY, Raoul, ingénieur et homme politique : 52, 81-82, 156-160, 168, 182, 191, 242.
DÉAT, Marcel, homme politique : 183.
DECORGES, Louis, paysagiste : 71.
DEGAS, Édouard, peintre : 69.
DELAGE, Jean, journaliste : 55, 75, 157.
DETŒUF, Auguste, ingénieur : 131.
DEVAUX, Pierre, journaliste : 63.
DORIOT, Jacques, homme politique : 100, 183.
DOUMERGUE, Gaston, président de la République : 62.
DRAKE DEL CASTILLO, Emmanuel, botaniste : 69.
DRAKE DEL CASTILLO, Jacques, député : 69.
DRAKE DEL CASTILLO, Jean : 69.
DRAKE DEL CASTILLO, Santiago, propriétaire de Candé : 69.
DUBONNET, Albert, industriel : 175.
DUCLOS, Jacques, député : 100.
DUEZ, Eve, née Lombard, épouse du suivant : 76, 208.
DUEZ, Louis, ingénieur et beau-frère de Bedaux : 29, 34, 52, 65, 76, 147, 149, 175, 208.
DUPRÉ, François, propriétaire d'hôtels : 179.
DUPRÉ, Marcel, organiste : 14.

E

EDDY, Mary Baker, fondatrice de la Science chrétienne : 57, 231.
EDWARD VIII, *voir* Windsor, duc de.
EISENHOWER, Dwight, général américain : 140, 221.
ELIZABETH II, reine d'Angleterre : 244.
ELSER, Georg : 172.
ELSINGER, Gustave, sculpteur : 67.
EMERSON, Harrington, économiste : 33, 38, 40, 43, 236.

F

FLANDIN, Pierre-Étienne, ministre : 200-201.
FLANNER, Janet, journaliste : 136, 223, 234.
FLYNN, Errol, acteur : 60, 125.
FOOTE, Stuart, industriel : 30.

FORD, Henry, industriel : 39, 49, 86, 147, 184.
FORWOOD, Dudley, écuyer du duc de Windsor : 14.
FOXWORTH, Percy, agent du FBI : 205, 222.
FRANCO, Francesco, dictateur espagnol : 159.
FRANÇOIS-JOSEPH Ier, empereur d'Autriche : 115.
FRANÇOIS-PONCET, André, diplomate : 118, 140-141.
FULLERTON, Hugh, diplomate américain : 161-162, 221.

G

GARIBALDI, Peppino : 35.
GASSER, commandant : 202.
GEORGE V, roi d'Angleterre : 105, 107.
GEORGE VI, roi d'Angleterre : 11, 15, 109, 111, 121, 124, 169.
GEORGES II, roi de Grèce : 150.
GILBRETH, Frank B., économiste : 41, 96.
GIRAN, Albert, ingénieur : 193.
GIRAUD, Henri, général : 213, 215, 237.
GLARUM, Kathryn, maîtresse de Bedaux : 57-58.
GOEBBELS, Josef : 127.
GOERDELER, Karl, homme d'affaires : 143.
GOERING, Hermann : 113, 115, 127, 172, 179, 222.
GRANT, Cary, acteur : 31.
GREEN, William, syndicaliste américain : 61.
GROLLEAU, Marcel, ingénieur : 76, 111, 150-151, 155-156, 164, 176, 187, 238.
GUILLAUME II, empereur allemand : 129, 140.
GUILLAUMIN, Armand, peintre : 18.

H

HADLER, Franz, général allemand : 153.
HAGERMAN, Worthington, diplomate américain : 162, 206, 222.
HALDANE, John, économiste : 41.
HALIFAX, Lord, ministre britannique : 108, 128.
HEMINGWAY, Ernest : 60.
HENDERSON, Neville, diplomate anglais : 126.
HERRICK, Myron, diplomate américain : 62.
HESS, Rudolph : 125-126.
HINDENBURG, Paul von : 118, 140.

HITLER, Adolf : 15, 97, 106-109, 113-115, 118-119, 123, 125, 127-128, 140-143, 153-155, 167, 169, 171-173, 175, 189, 235, 243.
HOESCH, Leopold von, diplomate allemand : 106.
HÖFKEN-HEMPEL, Annie, sculptrice : 15, 118, 140, 142, 153.
HOLMES, Carroll, diplomate américain : 162.
HOOVER, Herbert, président des États-Unis : 61.
HOOVER, J. Edgar, directeur du FBI : 171, 205, 221, 226.

J

JACKSON, Summer, médecin : 208.
JARDINE, Anderson, pasteur : 12.
JEANSON, Henri, patron de presse : 63, 181.
JOHNSON, Lyndon, président des États-Unis : 243.
JONES, Edmund, avocat : 229.
JOUHAUX, Léon, syndicaliste : 101.

K

KÉGRESSE, Adolphe, ingénieur : 89.
KEMAL, Mustafa, dit « Atatürk » : 150.
KENNEDY, John F., président des États-Unis : 243.
KNOEPPEL, Charles Edward, économiste : 40.
KNOX, Geoffrey, diplomate anglais : 123-124.
KNUDSEN, William, industriel : 73.
KRESSIER ALLEN, Blanche de, première épouse de Charles : 29-30, 34-35, 56-58, 114.

L

LADBROOK, George, chauffeur : 14.
LAVAL, Josée, fille de Pierre Laval : 183, 207, 236.
LAVAL, Pierre, homme politique : 82, 95, 183, 189-190, 194, 196, 200-201, 207, 213, 242.
LEAHY, William, amiral et diplomate américain : 163, 202.
LEBRUN, Albert, président de la République : 141, 160.
LEDEBUR, Friedrich von : 115-116, 151, 222, 243.
LEDEBUR, Josef von : 115-116, 152-154, 174, 243.
LEDOUX, Henri, souteneur : 20-23.
LEGROS, cuisinier : 14.

LEHIDEUX, François, ministre : 184, 197.
LEMAIGRE-DUBREUIL, Jacques, homme d'affaires : 213.
LEY, Robert, ministre allemand : 116, 118-119, 122, 124, 126-127, 154.
LIDDELL, Guy, chef du MI5 : 224.
LINK, Judge, avocat : 227.
LITTLE, Arthur D., chimiste : 32.
LLOYD-THOMAS, Hugh, diplomate anglais : 14.
LOMBARD, Eve, épouse de Duez : 76, 208.
LOMBARD, Fern, *voir* Bedaux.
LOMBARD, James, père de Fern Bedaux : 58.
LONDONDERRY, Lord, ministre britannique : 108.
LUCE, Henry, patron de presse : 92.
LUCHAIRE, Jean, journaliste : 182.

M

MARTIN-TRUDDLE, Guy, amant de Wallis Simpson : 106.
MARX, Karl : 27.
MATTERN, Ernest, ingénieur : 81.
MEAD, Frank, ingénieur : 49.
MEDICUS, Franz, colonel allemand : 175-176, 184, 208, 212, 214, 241, 243.
MERCIER, Charles, maire de Monts : 12.
MERRYMAN, Bessie, tante de Wallis Simpson : 14.
METAXÁS, Ioánis, général grec : 150.
METCALFE, née Curzon, Alexandra, épouse du suivant : 14.
METCALFE, Edward Dundley, dit « Fruity » : 14, 170.
MISTINGUETT : 21.
MONCKTON, Alexandra, épouse du suivant : 14.
MONCKTON, Walter, procureur : 14.
MONET, Claude, peintre : 69.
MOORE, Katherine, *voir* Rogers, Katherine.
MORELL, Theodor, médecin : 114, 142.
MORGENTHAU, Henry, ministre américain : 227.
MORRINI, A. M., consultant : 33, 37-38, 47-48, 65, 114.
MORRINI, Lisbeth de, journaliste : 71.
MOSLEY, Oswald, leader fasciste anglais : 106.
MOSSO, Angelo, sociologue : 41.

MOULIN DE LABARTHÈTE, Henry du, chef de cabinet de Pétain : 185, 235.
MURPHY, Charles, journaliste : 13.
MURPHY, Robert, diplomate américain : 162-163, 193, 195-196, 200, 202-204, 212-218, 222, 243.
MUSICA, Philip, industriel : 31.
MUSSOLINI, Benito : 15, 96, 105, 108, 121.

N

NATERRE, ami de la famille Bedaux : 26.
NEURATH, Constantin von, ministre allemand : 124.
NEW, Harry, homme politique américain : 61.
NIXON, Richard, président des États-Unis : 243.
NORMAN, Montagu, banquier anglais : 108.

O

ORWELL, George : 235.

P

PAPEN, Franz von, homme politique allemand : 110, 140.
PASSARD, Flavien, colonel : 36.
PAUL, Randolph, fonctionnaire américain : 227.
PECHKOFF, Zinovi, aventurier : 35.
PERSHING, John, général américain : 61.
PÉTAIN, Philippe, maréchal de France : 67, 159-160, 164, 180, 185-187, 189, 192, 196, 200-202, 211-212, 215, 242.
PFEIFFER, colonel allemand : 207.
PIRRIE, Valery, fleuriste : 14.
PLATON, Charles, amiral et ministre : 193.
PONTICELLI, Lazare : 35.
PORTER, Cole, jazzman : 35.
POURCHER, Yves, historien : 236.
PUCHEU, Pierre, ministre : 184.

R

RABATÉ, Octave, syndicaliste : 100.

RAMOND, Albert, ingénieur : 49, 87, 122, 134-135, 141, 165, 220, 226-228, 234, 238.
REBOUX, Caroline, chapelière : 13.
RENAULT, Louis, industriel : 80-81, 157.
REYNAUD, Paul, président du Conseil : 159-160.
RIBBENTROP, Joachim von, ministre allemand : 106-107, 119, 124, 126, 154-155, 169, 204.
RICHEBÉ, Roger, cinéaste : 207.
RIGAULT, Jean, homme d'affaires : 213.
RIVINOFF, syndicaliste : 148-149.
ROBERTSON, Tar, agent du MI5 : 107.
ROCHAT, François, chef de cabinet de Dautry : 156.
ROCHET, Waldeck, député : 149.
ROGERS, Archibald : 104.
ROGERS, Edmund : 103-105.
ROGERS, Herman : 15, 97, 103-106, 109-111, 205-206.
ROGERS, Katherine : 15, 97, 104-105, 109-111, 205-206.
ROOSEVELT, Eleanor, épouse du suivant : 136.
ROOSEVELT, Franklin D., président des États-Unis : 8, 104, 129, 163, 195, 243.
ROSE, Francis, financier : 52.
ROSENBERG, Alfred, homme politique allemand : 140.
ROSENBUSCH, officier allemand : 150.
ROTHERMERE, Lord, patron de presse : 109.
ROTHSCHILD, baron Eugène de : 14, 86, 110.
ROTHSCHILD, née Stuart, Jeanne de : 14, 86, 110.
ROUELLE, Jean, ingénieur : 194.
ROYER, Jean, maire de Tours : 164.

S

SABIN, Guy, ingénieur : 239.
SAINT-EXUPÉRY, Antoine de : 235.
SCHACHT, Hjalmar, ministre allemand : 118, 122, 140, 143, 155, 243.
SCHLINDWEIN, Heinrich : 117, 119.
SCHUELLER, Eugène : 182.
SCHUMANN, Maurice, journaliste : 13.
SEEGER, Alan, poète : 35.
SELBY-BIGGE, aristocrate anglaise : 14.
SIMPSON, Ernest Aldrich, deuxième époux de la suivante : 12, 105, 110.

SIMPSON, Wallis, *voir* duchesse de Windsor.
SKINNER, Ernest Martin, facteur d'orgues : 14, 71.
SMITH, Adam, économiste : 39-40.
SOEHRING, Hans Jürgen, magistrat militaire allemand : 184, 207.
SPEER, Albert, ministre allemand : 113, 172, 203-204.
SPENCER, Win, premier époux de Wallis Simpson : 104-105.
SPRY, Constance, fleuriste : 14.
STAKHANOV, Alekseï, ouvrier soviétique : 98-99, 145.
STALINE, Joseph : 98-99, 235.
STAUSS, Emil Georg von, financier : 115, 117, 197, 204.
SUAREZ, Georges, patron de presse : 63, 181.
SWEENEY, Charles, colonel américain : 35.

T

TARBÉ DE SAINT-HARDOUIN, Jacques, homme d'affaires : 213.
TAYLOR, Edmond, agent de l'OSS : 216, 218.
TAYLOR, Frederick, économiste : 30, 33-34, 38-41, 43, 63, 133, 145, 157, 218, 236.
TER HART, Alexandra, femme d'affaires : 88, 176, 234.
TEULADE, Jules, journaliste : 100.
THOMPSON, Dorothy, journaliste : 218.
THOREZ, Maurice, secrétaire général du PCF : 101.
TISCHBEIN, industriel : 52, 115.
TRAVERS, Howard, diplomate américain : 123.
TROTT, Adam von, diplomate allemand : 143, 153.
TUCK, Pinkney, diplomate américain : 204-205, 222.

U

ULLMANN, Pierre-Jérôme : 182, 211.
UNGAR, George, cinéaste : 91.

V

VAN HECKE, Alphonse, colonel : 213.
VEBLEN, Thorstein, sociologue : 27, 41.
VOISIN, Thérèse, résistante : 165.

W

WAITE, Isabella, secrétaire : 227-230.
WARHOL, Andy : 49.
WASHINGTON, George : 62, 128.
WASHINGTON, W. Lanier : 62.
WEATHERBURN, Michael, historien : 122.
WEIZSÄCKER, Ernst von, ministre allemand : 155.
WELCZECK, Johannes von, diplomate allemand : 141.
WESTRICK, Gerhard, diplomate allemand : 204, 214.
WESTRICK, Julius : 214.
WEYGAND, Jacques, fils du suivant : 235.
WEYGAND, Maxime, général : 189, 192-193, 196, 200-202.
WHEELOCK, John Hal, homme d'affaires : 142.
WIEDEMANN, Fritz, aide de camp d'Hitler : 113, 119, 123-124, 126, 150.
WILDE, Tommy, cuisinier : 90.
WINDSOR, Edward Albert [...] David, duc de : 7, 11-16, 72, 103, 107-111, 118-119, 121-129, 131-133, 136-137, 139-140, 142-143, 147, 153, 157, 161, 167-170, 172-175, 205-206, 223-224, 244.
WINDSOR, Wallis, duchesse de : 7, 11-16, 72, 103-111, 118-119, 121-124, 126-129, 131-133, 136-137, 139-140, 142-143, 147, 153, 157, 161, 168-170, 173, 175, 206, 224, 244.
WOOLLCOTT, Alexander, critique dramatique : 60.
WURMANN, Richard, major allemand : 212-213.

Remerciements

Ce livre est né d'une conversation avec mon ami Guy Stavridès. Il connaissait Charles Bedaux de réputation, pas moi, et avait entendu dire que l'ingénieur-conseil possédait un chalet sur l'Obersalzberg. L'information était inexacte, mais ma curiosité en a été piquée avec comme conséquence quelques mois d'enquête et le récit que l'on vient de lire.

Comme depuis plus de vingt ans, Laurent Theis a été un éditeur et un ami attentif et imaginatif.

L'équipe de Perrin m'a une fois de plus aidé de son professionnalisme et de son affection.

Mon épouse Fanny a fini par considérer Bedaux comme un participant – provisoire – à nos conversations quotidiennes.

À tous, merci.

Table

Prologue. Le « mariage du siècle » 9

1. Un mouton noir 17
2. Un nouveau monde 25
3. La voie 31
4. Le « système B. » 37
5. L'envol 47
6. *Charles-The man* 55
7. Retour au pays 65
8. Campagne de France 75
9. La Croisière blanche 85
10. 1936 95
11. À la conquête des Windsor 103
12. Négociations allemandes 113
13. Les Windsor au Berghof 121
14. Le guet-apens américain 131
15. « M. Bedaux est nazi » 139
16. Le vent tourne 145
17. Petite diplomatie 153
18. L'an 40 161
19. Complice de la « trahison » des Windsor ? 167
20. « L'homme choisi par le Maréchal » 179
21. Kenadsa 189
22. Mélange des genres 199
23. Le sol se dérobe 211
24. Que faire de Bedaux ? 219
25. Fin de parcours 225

Conclusion. La deuxième mort de Charles Bedaux 233
Épilogue(s) 241
Bibliographie 245
Index 251
Remerciements 263

DU MÊME AUTEUR *(suite)*

Napoléon. Idées reçues, Le Cavalier Bleu, 2001 (2e éd. 2013, sous le titre : *Napoléon. Une ambition française*).

Le Grand Consulat (1799-1804), Fayard, 1999 ; 2e édition, 2014, dans la collection « Pluriel ».

Dictionnaire des ministres de Napoléon, Christian/Jas, 1999 et nouvelle édition chez Perrin, coll. « Tempus », 2016.

Napoléon. « Mon ambition était grande », Gallimard, coll. « Découverte », 1998.

ABCdaire de Napoléon et de l'Empire, Flammarion, 1998 (avec J. Tulard, J. Jourquin, G. Gengembre et A. Gœtz).

Le 18-Brumaire. Les coups d'État de Napoléon Bonaparte, Jean Picollec, 1997 (Grand Prix de la Fondation Napoléon) ; rééd. Perrin, coll. « Tempus », 2010.

Kennedy. Enquêtes sur l'assassinat d'un président, Jean Picollec, 1995 ; édition refondue sous le titre : *L'Assassinat de John F. Kennedy. Histoire d'un mystère d'État*, Nouveau Monde éditions, 2010 et 2013.

Napoléon III, Presses universitaires de France, coll. « Que sais-je ? », 1995.

L'Affaire Kennedy, Presses universitaires de France, coll. « Que sais-je ? », 1993.

Roederer, Serpenoise, 1990 (prix d'histoire Erckmann-Chatrian).

La Moselle et Napoléon. Étude d'un département sous le Consulat et l'Empire, Serpenoise, 1986 (avec Denis Imhoff).

DIRECTION D'OUVRAGES

Napoléon et le droit, CNRS Éditions, 2017.

Diplomaties au temps de Napoléon (avec Yves Bruley), CNRS Éditions, 2014.

1812. La campagne de Russie. Histoire et postérités (avec Marie-Pierre Rey), Perrin, 2012.

1810. Le tournant de l'Empire, Fondation Napoléon-Nouveau Monde éditions, 2010.

Dictionnaire des institutions du Consulat et de l'Empire, Tallandier, 2008 et 2017.

Sainte-Hélène. Île de mémoire, Fayard, 2005 (avec Bernard Chevallier et Michel Dancoisne-Martineau).

Napoléon et l'Europe. Regards sur une politique, Fayard, 2005.

Le Sacre de Napoléon, Nouveau Monde éditions, 2003.

DU MÊME AUTEUR *(suite)*

ÉDITIONS DE TEXTES

Heinz Linge, *Jusqu'à la chute. Mémoires du majordome d'Hitler*, Perrin, 2023.

Pierre-Louis Roederer, *Un été d'espoir et de sang. Chronique de cinquante jours. 20 juin-10 août 1792*, Perrin, 2019.

Emmanuel de Las Cases, *Le Mémorial de Sainte-Hélène. Le manuscrit retrouvé*, Perrin, 2017 (avec Peter Hicks, François Houdecek et Chantal Prévot).

Mémoires de Napoléon, Tallandier, 2010-2011, 3 volumes.

Napoléon Bonaparte, *Correspondance générale publiée par la Fondation Napoléon* : I. *Les apprentissages (1784-1797)*, Fayard, 2004 ; II. *La campagne d'Égypte et l'avènement (1798-1799)*, Fayard, 2005 (avec Gabriel Madec) ; III. *Pacifications (1800-1802)*, Fayard, 2006 (avec Gabriel Madec) ; XI. *Bruits de bottes (1811)*, Fayard, 2015 ; XII. *La campagne de Russie (1812)*, Fayard, 2012 ; XV. *Les Cent-Jours*, Fayard, 2018.

La Proclamation de l'Empire ou Recueil des pièces et actes relatifs à l'établissement du gouvernement impérial héréditaire, imprimé par ordre du Sénat conservateur, Fondation Napoléon-Nouveau Monde éditions, 2001 (avec Nathalie Clot).

Pour en savoir plus
sur les Éditions Perrin
vous pouvez consulter notre site Internet

www.editions-perrin.fr

lisez!

et nous suivre sur les réseaux sociaux

Editions Perrin

@EditionsPerrin

@editionsperrin

CET OUVRAGE A ÉTÉ ACHEVÉ D'IMPRIMER SUR ROTO-PAGE
PAR L'IMPRIMERIE FLOCH À MAYENNE EN AVRIL 2024

N° d'impression : 104682
Imprimé en France